PARÁBOLAS

TRILOGIA
SINAIS *do* SAGRADO

PE. REGINALDO MANZOTTI

PARÁBOLAS

COMO AS HISTÓRIAS CONTADAS POR JESUS TÊM O PODER DE INSPIRAR E TRANSFORMAR NOSSAS VIDAS

petra

EDITORA NOVA FRONTEIRA PARTICIPAÇÕES S.A.
Rua Nova Jerusalém, 345 — CEP 21042-235
Bonsucesso — Rio de Janeiro — RJ
Tel.: (21) 3882-8200 fax: (21) 3882-8212/8313

CIP-Brasil. Catalogação na fonte. Sindicato Nacional dos Editores de Livros, RJ.

M253p   Manzotti, Reginaldo, 1969-
         Parábolas: como as histórias contadas por Jesus têm o poder de
inspirar e transformar nossas vidas / Padre Reginaldo Manzotti. - 1. ed. -
Rio de Janeiro : Petra, 2015.
         176 p.   (Trilogia sinais do sagrado ; 2)

         ISBN 978.85.220.2957-0

         1. Bíblia. A. T. - História de fatos bíblicos. 2. Jesus Cristo - Parábolas.
3. Cristianismo. I. Título. II. Série.

                                       CDD: 232
                                       CDU: 232.931

Agradecimento

"Tudo posso naquele que me fortalece" (Filipenses 4,13).

Elevo meu grande louvor a Deus; apesar da pequenez de Seu servo, Ele me fez sacerdote há vinte anos na Sua amada Igreja.

O livro *Parábolas* é parte deste ano comemorativo. Agradeço mais uma vez ao frei Clodovis Boff por sua revisão teológica, que me dá a segurança de que não estou cumprindo outra missão senão pregar a Palavra de Deus. Por ser um grande teólogo, seu parecer deixa-me mais seguro e em comunhão com os ensinamentos da Igreja.

Agradeço a Deus por nunca ter me deixado só nessa missão e ter sido tão carinhoso em enviar pessoas que, "como os anjos no deserto com Jesus" (cf. Marcos 1,13), são solidárias e colaboram comigo.

Neste momento, apontar alguns nomes torna-se uma tarefa difícil e até delicada, pois gostaria de mencionar e agradecer a cada um e a todos em particular. Sendo impossível realizar esse desejo — ficaria maior que o próprio conteúdo da obra —, penso que, ao citar Cleusa do Pilar Marino Sieiro e Alexandre José Tormena, homenageio também todas as pessoas, mulheres e homens, por quem tenho tanta admiração e gratidão.

Cleusa do Pilar, também chamada de "a voz da pastoral" nas decisões a serem tomadas, está comigo neste trabalho há mais de dez anos. Esposa e mãe muito dedicada, ela não mede esforços. Muitas vezes, renuncia ao lazer, a horas de descanso e aos momentos com a família para ajudar na missão. Vejo em sua conduta a comprovação do quanto o Espírito Santo é fonte de discernimento e sabedoria. Sua caminhada dentro da Igreja, incluindo catequese, liturgia, formação, e seu comprometimento com a fé fazem dela uma teóloga sem diploma, mas que em nada deixa a desejar quando o assunto é evangelizar. Obrigado, Cleusa, só Deus poderá recompensá-la. Citando esta colaboradora, surgem em minha mente tantos nomes e rostos de mulheres, de ontem e hoje, que foram e são "carinhos de Deus" para comigo.

Alexandre José Tormena é, no coração, o meu irmão mais novo, que Deus, na Sua bondade, trouxe para ajudar na realização do que o próprio Pai pensou para mim: a obra Evangelizar é Preciso. Quando o diploma, com louvores, o autorizava a cuidar do psiquismo humano, Deus o chamou para administrar uma obra que surge para cuidar do ser humano como um todo. Creio também que, para o meu grande colaborador, Deus tenha pensado algo muito maior para permitir unir sua fé fervorosa e latente em Deus e a ciência aprendida para lidar com as pessoas. Ele sempre é uma presença e uma voz, às quais estou atento para perceber e ouvir. Alexandre é pai afetuoso e esposo zeloso, e ao citá-lo vejo também tantos outros homens e pais de família que, dispostos e corajosos, sempre estão de "mangas arregaçadas" para desbravar novos caminhos.

A bondade de Deus é imensa ao dar-me a oportunidade de conduzir como pároco e reitor um santuário dedicado a Nossa Senhora de Guadalupe, que celebra sessenta anos de existência em 2015, podendo assim desfrutar as graças de Jesus derramadas por Sua mãe neste ano jubilar de indulgências plenárias. Rejubilo-me com todos os movimentos, pastorais, voluntários, funcionários e paroquianos deste lugar que é minha casa.

Senhor Deus, abençoe a todos com uma porção generosa da Tua graça. Amém.

Pe. Reginaldo Manzotti

Sumário

Apresentação

Espero, melhor, tenho certeza de que este livro será útil para muitas pessoas, como foram, aliás, os anteriores. Ele tem tudo para "dar certo".

De fato, é sempre acertado, porque frutuosíssimo é trabalhar com a Palavra de Deus, fonte inesgotável de luz e força. Isso está, de resto, plenamente alinhado com a consigna programática do autor: "Evangelizar".

Além disso, as aplicações práticas que tira da Palavra para a vida são bastante concretas e incisivas. E é disso que o povo precisa. Os testemunhos que traz ajudam a firmar a mensagem e a creditá-la.

Por fim, a oração. Como na *lectio*, a Palavra "ruminada" termina na *oratio* e mesmo na *contemplativo*. É o momento de invocar a graça e experimentar sua força.

Por todos esses elementos, seus escritos tocam e são eficazes. É uma satisfação dar minha pequena contribuição a este trabalho por meio da revisão teológica.

Só me resta desejar ao padre Reginaldo Manzotti boa continuidade em seu frutífero trabalho na "vinha" do Senhor, enquanto peço em seu favor a proteção da

Mãe de Deus contra os ardis do Inimigo e quaisquer incompreensões humanas.

Fr. Clodovis M. Boff, OSM

Introdução

Jesus era ótimo contador de histórias e um excelente mestre para nos ensinar. As parábolas são uma das formas de ensino usadas por Ele, baseadas no cotidiano da época, para passar valores e verdades espirituais.

E o que são essas verdades?

Em nossa vida, às vezes nos perdemos, ficamos tensos, ansiosos e não sabemos como agir em nossas escolhas. Acabamos por nos questionar: "Quem sou eu? Sou o que Deus pensou para mim ou me cristalizei no que me permiti ser? Como discernir?"

O Espírito Santo responde. Ele é o melhor conselheiro que há. É o próprio Espírito que vem em socorro de nossas fraquezas (Romanos 8,26).

Nossos anseios servem para produzir o bem, como também para semear o mal. Isso significa que nós somos um campo aberto e devemos nos esforçar para gerar os melhores frutos.

Nesse sentido, as parábolas de Jesus inspiram mudanças e ações, como nos ensina o Catecismo da Igreja Católica: "Jesus convida a entrar no Reino por meio das parábolas, traço típico de seu ensinamento. Por elas, convida ao festim do Reino, mas exige também uma opção radical: para adquirir o Reino é preciso dar tudo; as palavras não bastam, são necessários atos. As parábolas são como espelhos para o homem: este acolhe a palavra como um solo duro ou como uma terra boa? Que faz ele dos talentos recebidos? Jesus e a presença do Reino neste mundo estão secretamente no coração das parábolas. É preciso entrar no Reino, isto é, tornar-se discípulo de Cristo para conhecer os mistérios do Reino dos Céus" (Mateus 13,11). Para os que ficam "de fora" (Marcos 4,11), "tudo permanece enigmático" (CIC § 546).

Para sentir o apelo do Senhor e ter discernimento, é fundamental a escuta de Deus. Quando nos deparamos com a presença de Deus na sua maravilha, na sua perfeição, na sua magnitude, no seu amor maduro e absoluto, percebemos nossa pequenez. Quando nos deparamos com este Deus que fez tudo e por tudo age em nós na gratuidade, nós percebemos o quanto somos mesquinhos, mas tal consciência não pode nos afastar d'Ele e nos fazer recuar. Deus é o sumo bem e a suma bondade. Então, devemos mais e mais querer ficar parecidos com Ele.

Por outro lado, nos casos em que a pessoa não se abre ao próximo e se fecha em si mesma, achando-se autossuficiente, a graça de Deus já não está presente, porque não compactua com a vaidade, a arrogância e o egoísmo. A experiência de Deus nos abre ao próximo, coloca-nos a serviço do bem comum, lembrando que não há local nem horário determinados, tampouco uma forma rígida dela se manifestar. Deus sabe e nos conhece como somos, e para cada um de nós tem um jeito único de Se aproximar, tocar e chamar.

Na conclusão do simpósio internacional de jovens sobre prostituição e tráfico de pessoas, realizado em novembro de 2014 no Vaticano, o Papa Francisco ressaltou a diferença entre colaborar e comprometer-se: "Todos têm de colaborar, mas nós, cristãos, temos de nos comprometer." E continuou seu comentário por meio de uma explicação simples e divertida, usando uma metáfora do humorista argentino Luis Landriscina, que descreve de maneira original essa mesma diferença: "A vaca, quando nos dá o leite, colabora para a nossa alimentação. Ela dá o leite e com ele fazemos o queijo, que colocamos no sanduíche. Mas um sanduíche só de queijo fica um pouco sem graça, então é preciso acrescentar presunto. Então, lembramos do porco, que, para nos dar o presunto, não colabora, mas dá a vida, compromete-se." Disse, ainda, o Papa Francisco: "Comprometer-se é dar a vida, arriscar a vida, e a vida tem sentido somente quando estamos dispostos a arriscá-la, a dedicá-la a fazer o bem aos outros." Ou seja, não basta sermos colaboradores, é necessário comprometermo-nos com a Palavra, o projeto de Jesus, a justiça e os valores do Reino de Deus.

Temos uma tendência negativa de olhar somente para os nossos defeitos, achando-nos indignos e imperfeitos. Como se não tivéssemos nada a somar e a oferecer. Mas, acredite, o que temos basta para Deus. Ademais, Sua graça não é estéril, e quem vive na presença d'Ele torna-se produtivo.

Muitas vezes não nos sentimos motivados, porque nossa compreensão parcial da realidade nos leva ao desânimo. Mas, mesmo contrariados e incapazes de compreender, em respeito à vontade do Senhor, devemos sair da letargia e dar um passo adiante, conforme disse Jesus: "Pedi e vos será dado; buscai e achareis; batei e vos será aberto. Pois todo o que pede, recebe; o que busca, acha; e ao que bate, se abrirá" (Lucas 11,9-10).

Assim, sob a inspiração do Espírito Santo, tenhamos a iniciativa de quem pede, busca, bate à porta. Não nos deixemos viver uma paralisia na fé, com nossos problemas nos transformando em eternas vítimas, afundadas no "lodo do pessimismo". Deixemos que o Espírito Santo suscite em nós a postura proativa. Se no contexto da amizade humana, Jesus disse que é possível bater na porta, incomodar um amigo (cf. Lucas 11,5-8), quanto mais em relação a Ele que é pura misericórdia.

Embora as parábolas escolhidas sejam ricas em significado, não me preocupei em fazer uma exegese completa nem apresentei todas as interpretações teológicas existentes. Limitei-me a ressaltar alguns aspectos para estimular a reflexão e o desenvolvimento das virtudes relacionadas a cada uma delas o que certamente levará ao crescimento espiritual e ao fortalecimento dos princípios necessários para o exercício da fé cristã. Ao final de cada capítulo, incluí testemunhos reais — o nome e a localidade foram omitidos por respeito à privacidade dos fiéis — como exemplo de superação, fé, mostrando que fazer a verdadeira experiência de Deus está ao alcance de todos.

Queridos filhos e filhas, Jesus é o Verbo, a ação, a vida em movimento, e é claro que Suas parábolas não são apenas palavras. Elas servem para impulsionar esse movimento que Jesus quer fazer em nossa vida, proporcionando as mudanças necessárias em nós e no meio em que vivemos.

Que assim seja, boa leitura!

Primeira parábola:

EM MINHA VIDA, QUAL
"SOLO" OFEREÇO PARA
DEUS JOGAR SUAS
SEMENTES?

Parábola do Semeador
(Mateus 13,1-23)

Dentro de cada um de nós existe desejo maior ou menor de escutar os apelos de Deus, afinal todos nós d'Ele viemos e para Ele voltaremos. Deus nos conhece profundamente e Sua voz ecoa em nós, embora, às vezes, em nossos ouvidos ecoem apelos diferentes que nos tiram do plano da Criação.

Em nossa essência, fomos criados "bons", e trazemos em nós traços do eterno, do divino. Infelizmente, são coisas que fomos esquecendo e, quando olhamos no espelho, vemos apenas reflexos deformados em valores e princípios, mas não foi isso que Deus planejou para nós. Não podemos acabar com o mal no mundo, mas podemos abrir nosso coração para a Graça, fazer crescer e espalhar os frutos de conversão e as sementes do bem.

Com a Parábola do Semeador, Jesus nos ensina a ser "solo fértil":

Eis que o semeador saiu para semear. E ao semear,

uma parte da semente caiu à beira do caminho e as

aves vieram e a comeram. Outra parte caiu em lugares

pedregosos, onde não havia muita terra.

Logo brotou, porque a terra era pouco profunda. Mas,

ao surgir o sol, queimou-se e, por não ter raiz, secou.

Outra ainda caiu entre os espinhos.

Os espinhos cresceram e a abafaram.

Outra parte, finalmente, caiu em terra boa e produziu

frutos: uma, cem; outra, sessenta; e outra trinta. Quem

tem ouvidos, ouça!

Aproximando-se os discípulos, perguntaram-lhe:

"Por que lhes falas em parábolas?" Jesus respondeu:

"Porque a vós foi dado conhecer

os mistérios do Reino dos Céus, mas a eles não.

Pois, àquele que tem, lhe será dado e

lhe será dado em abundância, mas ao que não tem,

mesmo o que tem lhe será tirado.

É por isso que lhes falo em parábolas,

porque veem sem ver e ouvem sem ouvir nem entender.

É neles que se cumpre a profecia de Isaías, que diz:

Certamente haveis de ouvir, e jamais entendereis.

Certamente haveis de enxergar, e jamais vereis.

Porque o coração deste povo se tornou insensível.

E eles ouviram de má vontade, e fecharam os olhos,

para não acontecer que vejam com os olhos, e ouçam

com os ouvidos, e entendam com o coração, e se conver-

tam, e assim eu os cure.

Mas felizes os vossos olhos, porque veem, e os vossos ou-

vidos, porque ouvem. Em verdade vos digo que muitos

profetas e justos desejaram ver o que vedes e não viram,

e ouvir o que ouvis e não ouviram.

Ouvi, portanto, a parábola do semeador. Todo aquele

que ouve a Palavra do Reino e não a entende, vem o

Maligno e arrebata o que foi semeado no seu coração.

Esse é o que foi semeado à beira do caminho.

O que foi semeado em lugares pedregosos é

aquele que ouve a Palavra e a recebe imediatamente

com alegria, mas não tem raiz em si mesmo,

é de momento: quando surge uma tribulação ou uma

perseguição por causa da Palavra, logo sucumbe.

O que foi semeado entre os espinhos é aquele que ouve

a Palavra, mas os cuidados do mundo e a sedução da

riqueza sufocam a Palavra e ela se torna infrutífera.

O que foi semeado em terra boa é aquele que ouve a
Palavra e a entende. Esse dá fruto, produzindo à razão
de cem, de sessenta e de trinta" (Mateus 13,1-13).

Esta é uma das poucas parábolas que, ao contar, o próprio Jesus explica. Se Ele o fez, indica que não é tão fácil de entender, porém mostra-se imprescindível para a compreensão das demais parábolas contadas por Jesus. Afinal, há quem escute e não compreenda, há quem veja e não enxergue.

Creio que, após ouvirem essas palavras, os discípulos confidenciaram: "O Senhor falou bonito, mas não entendemos nada, então, nos explique."

Vamos por partes. Primeiramente, o semeador saiu determinado a cumprir sua missão, que é semear. A parábola não cita o nome do semeador nem dá informações sobre sua capacidade, personalidade ou realizações, sugerindo apenas que ele semeia insistentemente. Podemos estabelecer um paralelo com o semeador Deus, que saiu para criar o mundo, fez o homem e a mulher perfeitos e viu que tudo era bom (cf. Gênesis 1,1-31; 2,7-22). Se hoje está tudo meio "estragadinho", não é por causa de Deus. Ele nos criou à

Sua imagem e semelhança, tanto que os anjos decaídos sentem inveja do ser humano, pela sua semelhança com o Criador. Outro momento de semeadura foi quando o Senhor saiu para nos redimir, o Verbo se fez carne e Jesus tornou-se um de nós.

Na parábola, o semeador parece não se preocupar com a colheita e tampouco com os tipos de solo. Bons ou ruins, não deixou de semeá-los. Muito diferente de nós, que vira e mexe queremos escolher a quem levar a Palavra, sentenciando de antemão que para alguns não valerá a pena, pois não vai dar em nada.

O semeador, ao contrário, sai sem escolher o solo. Ele não seleciona e lança a semente de forma ininterrupta. É importante entendermos que a semente é boa, já os frutos dependem do solo. Geralmente, para um bom plantio é necessário que a terra esteja arada, tratada e adubada antes de receber a semente.

A semente é comparada à força da vida, que se realiza na combinação de potência e ato. Uma semente encerra o germe da vida; é a potência de toda planta, a qual se concretiza por meio de um ato, que é o seu próprio desenvolvimento. Quando olhamos para um grão de feijão ou milho, ele é a promessa, imbuída de uma potência, do que serão esses alimentos. Eles existirão à medida que essa potência se confirmar no ato de crescer e desenvolver. Isso representa a força da vida, mas qual o sentido de todo o esforço nela embutido? Na parábola temos a impressão de que o semeador planta de forma aleatória, simplesmente fazendo cumprir o ritual da vida, contudo há um momento em que algo acontece: as sementes dão frutos.

Se pensarmos no ciclo natural da semente, elucidamos o enigma. Primeiro, ela é lançada ao solo, germina, cresce, floresce e... dá frutos. Certamente, é muito importante que germine, mas a germinação não é o fim último. O crescimento também não encerra a missão, que se cumpre quando a semente produz frutos. Façamos uma comparação com a nossa vida. No meu caso, por exemplo, Deus plantou em mim a vocação sacerdotal. Mas eu somente serei um bom padre quando produzir frutos do meu sacerdócio. Não basta ser um bom cristão, cheio de boa vontade, porque o que dá validade e se faz testemunho da presença de Deus em nossa vida são os frutos que a Sua Palavra produz em nós.

A Palavra de Deus é semente para as almas humanas, plantada pelo semeador que é Jesus Cristo, porém, o não comprometimento e a falta de frutos depõem contra nós. Jesus retoma um ditado muito sábio que diz: "Conhece-se a árvore pelos frutos" (cf. Mateus 7,16-20). Então, vem a pergunta: Quais são os frutos da fé em nossa vida? Será que se Deus passasse com uma bandeja pedindo "Apresenta os frutos da tua fé", nós nos daríamos conta de que estamos de mãos vazias? Afirmamos acreditar em Deus, mas o que nós fazemos hoje em nome dessa fé? A parábola é intrigante justamente porque faz um confronto entre o discurso e a atitude de santidade e missionariedade.

As sementes estão potencialmente boas para germinar; têm em si tudo e o suficiente para produzir em nós algo maravilhoso. O Papa emérito Bento XVI disse: "Quem semeia no coração do homem é sempre e só o Senhor. Só depois da sementeira abundante e generosa da Palavra de Deus é possível aventurar-se pelas sendas do acompanhamento e da educação, da formação e do discernimento. Tudo isto está vinculado àquela pequena semente, dom misterioso da Providência celeste, que emana de si uma força extraordinária. Com efeito, é a Palavra de Deus que, por si mesma, realiza eficazmente aquilo que diz e deseja" (Discurso, 4 de julho de 2009).

Se a semente contém essa força divina extraordinária, por que o cultivo não tem sucesso? Vejamos o que São João Paulo II ensinou: "A Palavra não dá fruto automaticamente: mesmo sendo divina, portanto onipotente, adapta-se às condições do terreno, ou melhor, aceita as respostas que o terreno dá, e que podem ser também negativas. Mistério da condescendência de Deus, que chega a entregar-se completamente nas mãos dos homens! Porque, no fundo, a semente lançada nos vários terrenos é o próprio Jesus" (Homilia em Roznava, 13 de setembro de 2003).

O problema está em como nós nos abrimos para a Graça de Deus, isto é, de que forma preparamos o solo do nosso coração para recebê-la.

A semente que cai à beira do caminho indica que a Palavra de Deus ficou restrita apenas à periferia da nossa vida, portanto à margem dela, e não consegue ser uma seta certeira em nosso coração. A Palavra não chega aos ouvidos. Embora tenha sido lançada, não consegue atingir o âmago, fica apenas na superfície e gera uma dicotomia, uma contradição entre fé e vida. Nós dizemos acreditar em algo, mas vivemos de forma diferente. Dizemos acreditar em Deus, mas nossa vida não condiz com essa fé.

Essa situação é simbolizada na parábola pela terra árida existente à beira do caminho. Deixamos criar um torrão, uma crosta de terra endurecida que nos torna insensíveis, indiferentes. O Senhor nos fala, mas não ouvimos. Emite sinais, mas não vemos. Seja por feridas não curadas, seja pela falta de interesse, interagimos com a Palavra sem intenção alguma de praticá-la ou de nos modificarmos. Com isso, a Palavra não consegue penetrar e o Inimigo a rouba. Esta é uma situação drástica de seca, de aridez espiritual em que precisamos aprender a deixar o Espírito Santo trabalhar. São João Paulo II disse que "só o Espírito Santo, que rega o que é árido e abranda o que está endurecido, pode arrotear semelhante terreno e torná-lo fecundo, para que o Verbo de Deus possa lançar nele as suas raízes" (discurso proferido em 27 de maio de 1997).

No terreno pedregoso citado pela parábola, por sua vez, sempre há um pouco de terra disponível, por isso a Palavra de Deus chega aos ouvidos e provoca entusiasmo. Entretanto, na verdade, é tudo "fogo de palha" e, na primeira estiagem, a terra seca. É muito comum isso ocorrer entre aqueles que são tomados por uma euforia repentina ao escutarem um sermão ou participarem de um retiro. Experimentam uma repentina conversão e se dizem dispostos a transformar o mundo. Porém, passado algum tempo, perdem o pique e tudo volta a ser como antes. Jesus explica esse comportamento com precisão ao afirmar: "Logo, porém, que o sol nasceu, queimou-se, por falta de raízes." Ou seja, o coração recebe a Palavra com alegria, mas, tão rápido quanto nasce, ela seca, porque não tem raiz. A Palavra de Deus tem que penetrar mais profundamente. Terreno pedregoso significa o coração traiçoeiro, que engana com algumas aberturas mínimas, mas no final das contas nenhuma delas tem espaço suficiente para abrigar a Graça de Deus. E ninguém está livre disso. Às vezes, quanto mais acostumados estamos com o sagrado e o ambiente da Igreja, mais indiferentes ficamos, e até mesmo eu preciso me policiar constantemente. Se nos tornamos "terreno pedregoso", precisamos trabalhar a terra do nosso coração para que a semente da

Palavra possa criar raízes profundas e produzir frutos duradouros.

Na sequência, a parábola revela que o Senhor não Se cansa e continua a lançar sementes, as quais caem no meio dos espinhos. Embora esse terreno possua terra boa, sem empecilhos para as raízes se firmarem, elas acabam sufocadas pelos espinhos. Podemos interpretá--los como as preocupações com as coisas do mundo, as quais se tornam tão demasiadas que se transformam elas mesmas em combustível para nossa vida. Resultado: andamos por aí com "gasolina adulterada". E o saldo não poderia ser pior: desespero, gastrite, insônia, úlceras e uma série de outras doenças oportunistas. Quando não colocamos nossas tribulações nas mãos da Providência Divina, significa que acreditamos sermos os únicos capazes de encontrar a solução, portanto não reconhecemos que Deus é a solução. Veja bem, não estou dizendo que devemos ficar de braços cruzados esperando o Senhor agir, mas ter fé implica, sim, dividir o peso da nossa carga com Deus e confiar na Sua condução. Peçamos: "Senhor estes são meus problemas... Senhor, me ilumine, me oriente, me conduza..."

Quando trazemos integralmente para nós os problemas, os quais muitas vezes nem são nossos, e tentamos resolvê-los sozinhos, acabamos por nos frustrar e podemos até cair em depressão. Definitivamente, esse não é o caminho. Na parábola, o Senhor usa o verbo "sufocar", que expressa com precisão o resultado desse quadro. Não encontrar em Deus a nossa esperança sufoca e leva ao abandono da fé.

Lembremos ainda que os espinhos também representam as seduções do mundo. A terra é boa, a semente nasce e cresce, porque tem raízes, mas o véu espesso criado pela sedução do ter e do poder sufoca a Palavra e ela fica infrutífera, porque não recebe luz e ar. Nosso coração fica sem espaço e se perde na busca do que é passageiro, não restando forças para as coisas eternas, como o amor e a justiça, verdadeiros frutos do Reino.

O terreno fértil, por sua vez, é aquele que se abre à Palavra de Deus. Ouve, internaliza e se deixa transformar por ela. São os corações puros, livres para acolher as sementes do Reino e produzir frutos do Espírito Santo e do discipulado de Jesus.

Para além de todas essas diferenças apresentadas pela parábola, qual é a sua grande mensagem?

Haja o que houver, o Senhor estará sempre fazendo a sua parte e não desiste nunca. Ele continua a semear.

E qual é o objetivo?

Encontrar uma terra boa. E nunca é demais lembrar que todos nós, em nossa essência, somos bons. Nós podemos ser a "terra boa" se procurarmos ter um coração trabalhado, uma alma dócil, uma mente aberta aos apelos de Deus.

A pergunta seguinte é: Como estamos nos posicionando hoje em relação aos apelos de Deus? Qual tipo de solo eu sou?

Responda para si mesmo.

O Senhor diz: "Assim como a chuva e a neve descem do céu e para lá não voltam mais, mas vêm irrigar e fecundar a terra, e fazê-la germinar e dar semente para o plantio e para a alimentação, assim a palavra que sair de minha boca não voltará para mim vazia; antes, realizará tudo que for de minha vontade e produzirá os efeitos que pretendi, ao enviá-la" (Isaías 55,10-11). Assim é a Palavra de Deus, mais do que uma mensagem, ela é manifestação da vontade e da ação do Senhor. Ela deve provocar decisão, mudança, acolhimento ao Reino de Deus e seguimento de Jesus.

A transformação que a Palavra provoca a quem a acolhe com abertura de coração foi testemunhada por um filho de Deus:

Quero agradecer a graça que alcancei. Depois de anos nas drogas, tive a coragem de aceitar um tratamento numa fazenda de recuperação. Seu programa me ajudou a buscar um caminho.

Hoje posso testemunhar como a Palavra de Deus transformou e continua transformando a minha vida. Bebo todos dias dessa fonte pela leitura orante da Palavra.

A cada dia Deus cura todas as feridas da minha alma, e posso atestar que quem vive a Palavra gera esperança e tem a vida restaurada.

Estou há dois anos longe do crack e me dedico a ajudar outras pessoas que estão nessa situação de vício.

Deus cura, liberta e restaura; sou testemunho vivo disso!

Se nós nos tornamos terreno árido, peçamos o derramamento do Espírito Santo. Se formos terreno pedregoso, removamos as pedras. Se estivermos mais para um canteiro de espinhos, arranquemo-los um a um sem medo se sangrar.

Para rezar

Salmo 64 (65)
R.: Transformai-nos em terra boa que dê frutos.

² *Ó Senhor, convém cantar vosso louvor*
com um hino em Sião!
³ *E cumprir os nossos votos e promessas,*
pois ouvis a oração.

Toda carne há de voltar para o Senhor,
por causa dos pecados.
⁴ *E por mais que nossas culpas nos oprimam,*
perdoais as nossas faltas.

⁵ *É feliz quem escolheis e convidais*
para morar em vossos átrios!
Saciamo-nos dos bens de vossa casa
e do vosso templo santo.

⁶ *Vossa bondade nos responde com prodígios,*
nosso Deus e Salvador!
Sois a esperança dos confins de toda a terra

e dos mares mais distantes.

⁷ As montanhas sustentais com vossa força:
estais vestido de poder.
⁸ Acalmais o mar bravio e as ondas fortes
e o tumulto das nações.

⁹ Os habitantes mais longínquos se admiram
com as vossas maravilhas.
Os extremos do nascente e do poente
inundais de alegria.

¹⁰ Visitais a nossa terra com as chuvas,
e transborda de fartura.
Rios de Deus que vêm do céu derramam águas,
e preparais o nosso trigo.

¹¹ É assim que preparais a nossa terra:
vós a regais e aplainais,
os seus sulcos com a chuva amoleceis
e abençoais as sementeiras.

¹² *O ano todo coroais com vossos dons,*
os vossos passos são fecundos;
transborda a fartura onde passais,
¹³ *brotam pastos no deserto.*

As colinas se enfeitam de alegria,
¹⁴ *e os campos, de rebanhos;*
nossos vales se revestem de trigais:
tudo canta de alegria!

Glória ao Pai, e ao Filho, e ao Espírito Santo.
Como era no princípio, agora e sempre. Amém.

Oração

Senhor, eu Te louvo e agradeço,
por amorosamente e incansavelmente
lançar as sementes da Palavra e da vida a todos.
Perdoa-me se nem sempre encontra
em mim uma terra boa,
uma alma fervorosa,
um coração voltado a Teus apelos.
Senhor, pela Tua imensa bondade,

ajuda-me a preparar meu coração

para acolher a semente que é o próprio Cristo.

Não permitas que meu coração acolha Tua Palavra e a

deixe à beira do caminho,

onde o maligno pode roubar as sementes da eternidade.

Não permitas que o meu coração seja um terreno pedre-

goso, insensível,

onde a Palavra não consiga criar raízes.

Onde ela não ecoe profundamente e, nas primeiras tri-

bulações, eu desista.

Não permitas que os espinhos cresçam em meu interior

e as preocupações do mundo,

as ilusões passageiras sufoquem a Tua mensagem.

Senhor, faz que Tua Palavra,

Teus ensinamentos

e Teu divino Filho

encontrem em meu coração um solo fértil,

regado no Teu Espírito Santo,

adubado na fé

e pronto para produzir frutos

de justiça, conversão, caridade e fidelidade.

Amém.

Segunda parábola:

DEUS SE ESQUECEU
DE MIM?

*Parábola dos Trabalhadores
da Vinha (Mateus 20,1-16)*

Constantemente, nós nos deparamos com situações em que nos sentimos injustiçados. O mundo é desigual, a vida nem sempre é justa, as pessoas menos ainda e nós mesmos cometemos faltas com aqueles que nos cercam. Muitas vezes, não nos conformamos, sofremos, sentimo-nos frustrados, acumulamos ressentimentos por não alcançarmos aquilo de que nos julgamos merecedores. Quando isso ocorre, o que deve nos impulsionar é estar em Deus e saber que a verdadeira justiça vem d'Ele, porque se baseia no amor incondicional e na disposição de salvar a todos.

É por meio de uma parábola que Jesus exemplifica essa justiça, a qual nem sempre compreendemos. Ele diz aos Seus discípulos:

Porque o Reino dos Céus é semelhante a um pai de família que saiu de manhã cedo para contratar trabalhadores para a sua vinha.
Depois de combinar com os trabalhadores um denário por dia, mandou-os para a vinha.
Tornando a sair pela hora terceira, viu outros que estavam na praça, desocupados, e disse-lhes:

"Ide, também vós para a vinha, e eu vos darei o que for justo." Eles foram.

Tornando a sair pela hora sexta e pela hora nona, fez a mesma coisa. Saindo pela hora undécima, encontrou outros que lá estavam e disse-lhes: "Por que ficais aí o dia inteiro desocupados?"

Responderam: "Porque ninguém nos contratou."

Disse-lhes: "Ide, também vós, para a vinha."

Chegada a tarde, disse o dono da vinha ao seu administrador:

"Chama os trabalhadores e paga-lhes o salário começando pelos últimos até os primeiros."

Vindo os da hora undécima, receberam um denário cada um. E vindo os primeiros, pensaram que receberiam mais, mas estes receberam também um denário cada um. Ao receber, murmuravam contra o pai de família, dizendo:

"Estes últimos fizeram uma hora só e tu os igualaste a nós, que suportamos o peso do dia e o calor do sol."

Ele, então, disse a um deles: "Amigo, não fui injusto contigo. Não combinaste um denário? Toma o que é teu e vai. Eu quero dar a este último o mesmo que a ti.

Não tenho o direito de fazer o que eu quero com o que

é meu?

Ou o teu olho é mau porque eu sou bom?"

Assim, os últimos serão os primeiros,

e os primeiros serão os últimos (Mateus 20,1-16).

Muito ilustrativa, esta parábola pode ser interpreta-
da de quatro formas diferentes: do ponto de vista do
conflito entre Jesus e os líderes religiosos de sua época; quanto ao aspecto socioeconômico; do prisma das
relações existentes em uma comunidade cristã; e, finalmente, sob a perspectiva da relação de Deus com
a humanidade, caracterizada pela gratuidade derivada
de Sua bondade generosa e cheia de amor.

Ao relatá-la, Jesus quer mostrar que Deus trabalha
sempre e não mede esforços. Tampouco Se cansa de
sair para nos encontrar, seja qual for a fase da nossa
vida. O texto narra a existência de pessoas sentadas,
desocupadas, por falta de trabalho e de patrão. Isso
mostra que a responsabilidade maior pela aparente
falta de comprometimento com o plantio é de quem
poderia, mas não foi atrás delas para lhes dar uma
oportunidade.

Antigamente, nas áreas rurais existia um caminhão, cujo proprietário era chamado de "gato", que, bem cedo, logo ao amanhecer, levava os trabalhadores, conhecidos como "boias-frias", até as lavouras. As pessoas dispostas ficavam à beira da estrada esperando pelo transporte. Ao final do dia, recebiam a diária. Hoje, o caminhão foi substituído pelo ônibus, mas a relação de trabalho permanece a mesma, sem vínculo empregatício, acertando-se apenas o valor da diária. Quem perde a condução em um determinado dia, fica sem receber.

Jesus estava ciente dessa situação e deixou claro que Deus não age assim. Na parábola, Ele é representado por um pai de família, que passou nas primeiras horas da manhã e convidou os que estavam na praça para trabalhar em sua vinha, comprometendo-se a pagar uma moeda de prata.

Porém, Deus não ficou só nisso e fez mais: passou em outros horários e sempre com a mesma disposição. Procurou trabalhadores até o pôr do sol e insistiu ao perguntar: "Por que estais aí o dia inteiro desocupados?" A resposta, por sua vez, foi muito interessante: "Ninguém veio atrás de nós." Ou seja, ninguém havia se disposto a contratá-los. E o Senhor, como quem afirmasse "Eu quero vocês", convidou-os também para trabalhar na vinha.

Deus fez a Sua parte e contratou todos aqueles que estavam dispostos a trabalhar, ainda que não tivessem sido convidados. Na verdade, existe um tipo de "seleção natural" no mundo do trabalho que faz com que um encarregado tenda a escolher os trabalhadores visivelmente mais preparados, no caso em questão, os mais fortes e conhecedores das técnicas de cultivo, pois os ganhos estão em primeiro lugar e, a princípio, estes seriam os que produziriam mais e gerariam maiores lucros. Por isso, são os primeiros a serem escolhidos, enquanto os demais são recusados e nem sequer avaliados.

Na história narrada por Jesus, provavelmente os trabalhadores desocupados eram os mais debilitados, que pouco conheciam sobre o assunto. Com o perdão da expressão, representavam o "resto", aquilo que ninguém queria. Mas Deus contrariou todas as expectativas e foi justamente atrás do "resto", dos *anawin* do Antigo Testamento, ou seja, "os pobres de Deus", aquelas pessoas desprovidas de bens materiais que, em razão dessa condição, são injustiçadas e deixadas à beira do caminho. Podemos comparar essa situação, por exemplo, com uma colheita de soja. Os agricultores passam com as colheitadeiras resgatando os grãos das plantas mais viçosas, as mais altas. Já os grãos das mais frágeis, menos desenvolvidas, ficam caídos ao chão, como "resto". Há possibilidade de serem aproveitados também, mas, para isso, o agricultor tem que passar outras vezes, recolhendo especialmente o que ficou ao chão.

Ora, Deus não faz distinção entre esse e aquele, e sempre estende a mão porque quer a todos: os fortes, os bons, os mais preparados, os machucados, os raquíticos, os imperfeitos, os pecadores, não importa qual seja a condição de cada um. Por isso, está sempre presente, todas as horas do dia, no caminho da humanidade, deixando explícito o Seu interesse por nós: "O que você está fazendo aí?" Muitos respondem: "Ninguém se interessou por mim!" E Ele confirma: "Vem que eu te quero."

O Senhor olha e não vê nossos defeitos; Ele nos quer independentemente de quem somos e de como estamos.

Há ainda outro aspecto que está na parte final da parábola e costuma gerar muita controvérsia. Muitos pensam da seguinte forma: "Alguém que encontrou

Deus primeiro e a vida inteira mostrou-se temente a Ele, foi batizado, fez a primeira Eucaristia, enfim, seguiu os Seus ensinamentos merece mais o céu do que aqueles que apenas no final da vida se converteram." Não parece lógico?

Mas Deus vai dizer que não é!

Em nosso dia a dia, estamos imersos na filosofia do "toma lá, dá cá", então se não fazemos por merecer, não recebemos e está tudo certo. Mas Deus vai além e mostra que há muito mais entre o fazer e o merecer, e cuja resposta está na própria vida. A existência humana, abençoada pela Graça divina, é muito mais do que uma sequência previsível de causas e efeitos, em que a recompensa só chega àqueles que estavam no lugar certo, na hora certa, com todos os pré-requisitos preenchidos. Quem é mais feliz, o filho que nasce nos braços paternos ou a criança que veio ao mundo, ficou órfã e só mais tarde encontrou uma família? Quem experimentou cedo o amor ou quem amou tarde, porém intensamente?

A resposta é incontestável: todos são igualmente felizes, porque num dado momento, não importando qual, tiveram uma vida confortada e amparada. Entretanto, certamente quem mais aproveitou do convívio familiar foi o filho que teve o amor paterno desde o nascimento. Pelo mesmo raciocínio, embora a recompensa final seja igual, quem encontrou Deus na primeira hora desfrutou mais do Reino dos Céus que Jesus trouxe à Terra, pois como Ele mesmo diz no início da parábola: "o Reino dos céus é semelhante a um pai de família que saiu de manhã cedo..."

Feliz de quem desde cedo encontrou o sentido da vida, o sentido para cada movimento de tudo, dos cosmos, da natureza, do seu "eu", e teve a vida inteira um conforto de Deus que o sustentou. Existe recompensa melhor que esta?

A moeda de prata é para todos, porque o Céu é para todos, e não há lugar *vip* na morada de Deus.

Felizes somos nós quando choramos e temos Nossa Senhora ao lado emprestando seu manto como lenço para nossas lágrimas. Felizes somos nós que, mesmo lamentando a perda de um ente querido, consolamo-nos com a esperança da vida eterna.

Não fiquemos pensando na moeda. Ao trabalharmos pelo e para o Reino de Deus, não o façamos esperando recompensa ou elogios, e sim movidos pelo amor. A própria oportunidade, o estar em Deus, servi-Lo e contar com Sua fidelidade já é nossa recompensa.

Deus foi justo, segundo o modo humano, com os trabalhadores das primeiras horas ao pagar o que foi combinado. Com os últimos, agiu além da justiça e da compreensão humanas, de acordo com a Sua infinita bondade e justiça divina.

Essa parábola nos faz refletir sobre as atitudes daqueles que se sentem "donos" das suas comunidades por estarem lá ajudando há muito mais tempo do que outros. Na Igreja, ninguém deve achar que Deus lhe deve algo ou sentir-se mais merecedor porque sua conversão a Jesus Cristo chegou antes da dos demais. A recompensa não se baseia em méritos, mas está na graça recebida.

O apóstolo Paulo é um exemplo de quem foi chamado a trabalhar na vinha, não na primeira hora, e passou de perseguidor da Igreja a grande missionário. Compreendeu que trabalhar incansavelmente pelo Evangelho já era sua recompensa. Nele, a Graça superabundou, a ponto de dizer: "Para mim viver é Cristo, e morrer é lucro" (Filipenses 1,21). Outro exemplo é o bom ladrão, que, na última hora, prestes a morrer, manifestou sua fé e recebeu de Jesus a promessa do Paraíso (cf. Lucas 23,39-43).

Que cada um de nós possa dizer: "Obrigado, Senhor, porque eu O tenho como Pai! Porque fui encontrado." E não importa se você foi encontrado quando nasceu, no meio da vida ou no final dela. O Senhor continua passando por nós e convidando: "Ide também vós para a minha vinha!"

A experiência de ser porta-voz do convite do Senhor, para o trabalho em Sua messe, e a transformação na vida de quem O aceita estão contidas neste testemunho:

Padre,

É com muita alegria que lhe escrevo para contar as maravilhas de Deus em nossa vida, e também a importância da Evangelização.

Minha irmã comentou comigo que estava desanimada, em meio a problemas de desemprego e enfermidades. Não perdi tempo e recomendei a ela acompanhar o seu programa. A partir daí, começou a fazer as novenas e me disse que sua vida mudou muito. Ela recuperou o ânimo, a alegria de viver, o emprego, e sua saúde está ótima.

Voltou a frequentar a Igreja e conseguiu levar o marido, que só tinha o sacramento do Batismo. Ele participou da catequese de adultos e acaba de fazer a primeira Eucaristia. Agora os dois estão se preparando para receber o Sacramento da Crisma e também ajudam na comunidade.

Obrigada, Senhor Deus, pelas maravilhas operadas na vida de minha irmã. Amém.

Felizes são aqueles que se deixaram encontrar; sua recompensa é ser o "operário da vinha do Senhor". É viver o céu antecipado já aqui.

Para rezar

Salmo 144
R.: Todos os dias haverei de bendizer-vos
e contar as vossas grandes maravilhas.

¹ *Ó meu Deus, quero exaltar-vos, ó meu Rei,*
e bendizer o vosso nome pelos séculos.

² *Todos os dias haverei de bendizer-vos,*
hei de louvar o vosso nome para sempre.
³ *Grande é o Senhor e muito digno de louvores,*
e ninguém pode medir sua grandeza.

⁴ *Uma idade conta à outra vossas obras*
e publica os vossos feitos poderosos;
⁵ *proclamam todos o esplendor de vossa glória*
e divulgam vossas obras portentosas!

⁶ *Narram todos vossas obras poderosas,*
e de vossa imensidade todos falam.
⁷ *Eles recordam vosso amor tão grandioso*
e exaltam, ó Senhor, vossa justiça.

⁸ *Misericórdia e piedade é o Senhor,*
ele é amor, é paciência, é compaixão.

⁹ *O Senhor é muito bom para com todos,*
sua ternura abraça toda criatura.

¹⁰ *Que vossas obras, ó Senhor, vos glorifiquem,*
e os vossos santos com louvores vos bendigam!
¹¹ *Narrem a glória e o esplendor do vosso reino*
e saibam proclamar vosso poder!

¹² *Para espalhar vossos prodígios entre os homens*
e o fulgor de vosso reino esplendoroso.
¹³ *O vosso reino é um reino para sempre,*
vosso poder, de geração em geração.

Glória ao Pai, e ao Filho, e ao Espírito Santo.
Como era no princípio, agora e sempre. Amém.

Oração

Senhor, não permitas que eu também me envenene com
a maldade.
Não permitas, Senhor, que eu me deixe levar por
valores que o mundo valoriza e contradizem os Teus
ensinamentos.
Não permitas seguir o caminho da injustiça, da discri-
minação e da exclusão.
Não permitas que eu julgue que algo é propriedade mi-
nha, mas que eu narre a todos as Tuas obras.
Perdoa-me, Senhor, por usar a dádiva da minha conver-
são para exigir mais.
Senhor, tira do meu coração a arrogância e o egoísmo.
Ajuda-me a experimentar a gratuidade e a bondade do
Teu amor!
Ensina-nos a acolher e a orientar para Ti nossos irmãos
e irmãs.
Amém.

Terceira parábola:

QUE FILHO SOU EU DO PAI DA MISERICÓRDIA?

Parábola do Filho Pródigo (Lucas 15,11-32)

No mundo moderno, nós nos encantamos mais com a aparência que com a essência, e como resultado cultivamos valores invertidos. Para viver a liberdade e os prazeres do mundo, muitos rompem com Deus e com a família. Por que assistimos a tantos divórcios? O que leva maridos e esposas a abandonarem o casamento, com a alegação de se sentirem sufocados? No fundo, cada um quer viver a própria vida e sair em busca da satisfação plena dos seus desejos, abrindo mão até mesmo de tudo o que foi construído na vida a dois.

Somos estimulados a colocar a felicidade no dinheiro, na beleza, no prazer, mas conheço muitas pessoas que estão em situação privilegiada e, não obstante, sentem-se as mais infelizes da face da Terra. Colocamos nossa expectativa em lugares, bens, pessoas e nos decepcionamos. Só quando "acordamos", e geralmente o despertar ocorre após muito sofrimento, percebemos que nada pode satisfazer às necessidades da nossa alma a não ser Deus, revelado em Jesus.

Sempre é tempo de se levantar e voltar à presença de Deus; Ele nunca nos rejeitará.

Para entendermos a fragilidade humana e a grandeza da misericórdia divina, nada mais apropriado do que a Parábola do Filho Pródigo ou do Pai Misericordioso, como é conhecida atualmente:

Um homem tinha dois filhos.
O mais jovem disse ao pai:
"Pai, dá-me a parte da herança que me cabe."
E o pai dividiu os bens entre eles.
Poucos dias depois, ajuntando todos os seus haveres, o
filho mais jovem partiu para uma região longínqua e
ali dissipou sua herança numa vida devassa. E gastou
tudo. Sobreveio àquela região uma grande fome e ele
começou a passar privações.
Foi, então, empregar-se com um dos homens daquela
região, que o mandou para seus campos cuidar dos
porcos.
Ele queria matar a fome com as bolotas que os porcos
comiam, mas ninguém lhas dava.
E, caindo em si, disse: "Quantos empregados de meu
pai têm pão com fartura, e eu aqui, morrendo de fome!
Vou-me embora, procurar o meu pai e dizer-lhe: Pai,
pequei contra o Céu e contra ti; já não sou digno de ser

chamado teu filho. Trata-me como um dos teus empregados." Partiu, então, e foi ao encontro de seu pai. Ele estava ainda ao longe, quando seu pai viu-o, encheu-se de compaixão, correu e lançou-se-lhe ao pescoço, cobrindo-o de beijos.

O filho, então, disse-lhe: "Pai, pequei contra o Céu e contra ti; já não sou digno de ser chamado teu filho." Mas o pai disse aos seus servos: "Ide depressa, trazei a melhor túnica e revesti-o com ela, ponde-lhe um anel no dedo e sandálias nos pés. Trazei o novilho cevado e matai-o; comamos e festejemos, pois este meu filho estava morto e tornou a viver; estava perdido e foi reencontrado!"

E começaram a festejar.

Seu filho mais velho estava no campo. Quando voltava, já perto de casa ouviu músicas e danças.Chamando um servo, perguntou-lhe o que estava acontecendo. Este lhe disse: "É teu irmão que voltou e teu pai matou o novilho cevado, porque o recuperou com saúde." Então, ele ficou com muita raiva e não queria entrar. Seu pai saiu para suplicar-lhe.

Ele, porém, respondeu a seu pai: "Há tantos anos que eu te sirvo, jamais transgredi um só dos teus manda-

mentos, e nunca me deste um cabrito para festejar com meus amigos. Contudo, veio esse teu filho, que devorou teus bens com prostitutas, e para ele matas o novilho cevado!" Mas o pai disse-lhe: "Filho, tu estás sempre comigo, e tudo o que é meu é teu. Mas era preciso que festejássemos e nos alegrássemos, pois esse teu irmão estava morto e tornou a viver; ele estava perdido e foi reencontrado!" (Lucas 15,11-32).

Com esta parábola, Jesus revela o jeito de ser e de agir de Deus: marcado pelo Seu amor generoso com todos os Seus filhos e filhas e pela alegria que sente com o nosso arrependimento e o nosso retorno a Ele.

Para entendermos a afronta sofrida pelo pai e o significado do seu gesto de amor, é fundamental saber que, na época em que a história se passa, a dificuldade em proteger propriedades e a carência de alimento levavam à morte prematura de quem tentasse viver isoladamente. Por isso, a população se organizava em comunidades patriarcais, cujos membros seguiam um mesmo ordenamento.

O patriarca, o pai referido na parábola, era o "cabeça", o grande responsável pela organização de tudo. Sua influência, além do núcleo familiar, estendia-se a seus empregados e suas famílias. Cabia a ele manter a ordem e o funcionamento de tudo. Ele era a autoridade local a quem todos deviam o máximo respeito.

Por essa razão, o pedido feito pelo filho mais novo — "Pai, dá-me a parte da herança que me cabe" — gerava um problema sério. Requerer a antecipação da herança era o mesmo que desejar publicamente a morte do patriarca, um desrespeito e um erro considerados tão graves a ponto de ser passível a punição com o apedrejamento.

Mesmo assim, o pai, alvo de toda essa humilhação pública, conforme o que está registrado na parábola, não argumenta e não castiga; simplesmente, divide seus bens, entrega a parte do filho mais novo e o deixa livre para partir. Este, por sua vez, não pensa duas vezes: vai viver a ilusória liberdade, o quanto mais longe possível da autoridade do pai para desfrutar os prazeres do mundo.

Mas o grande erro do filho mais novo foi justamente não perceber que a felicidade estava ali, ao lado do pai, onde havia abundância e fartura, e ter saído para se aventurar no mundo. Além de não encontrar o que esperava, consumiu os recursos financeiros e a própria saúde física e psicológica.

No texto, a vida no país longínquo simboliza o afastamento de Deus. Muitas vezes, sem sair do lugar nós nos encontramos nessa situação, gastando desordenadamente os bens, os dons que recebemos de Deus, achando-nos autossuficientes em nossa busca pelo ter e pelo poder.

Na história contada, o filho retornou em razão da dor e do sofrimento. Ou seja, somente quando se apercebeu de suas reais condições, vivendo em uma terra distante e na mais absoluta miséria, obrigado a cuidar de porcos, animais considerados impuros, sem sequer poder alimentar-se da lavagem a eles destinada, foi que finalmente tomou consciência da bondade e do zelo do pai. "Caiu em si" e, arrependido, decidiu voltar para casa. Decidiu "levantar-se", pois estava prostrado, e até preparou o discurso: "Pai, pequei contra Deus e contra ti; já não mereço que me chamem teu filho. Trata-me como um dos teus empregados." A punição parece mais do que justa, porém, quando o pai o vê, nem o deixa terminar de falar. Abraça-o e beija-o.

Para mim, o momento do reencontro não é apenas a passagem mais emocionante desta parábola, mas aquele que traz o seu principal ensinamento. Toda vez que vou pregar sobre ela, imagino aquele pai com o olhar saudoso fixo no horizonte, e, por mais que o filho tenha se afastado dele, bastou avistá-lo para correr em sua direção de braços abertos. Não perguntou nada nem impôs nenhum castigo por tê-lo desonrado, tampouco exigiu explicações sobre o que tinha feito; ao contrário, ordenou que lhe dessem toda a assistência necessária, o que já surpreende. Mas não só. O pai se alegra a tal ponto com a volta do filho que faz questão de festejar: "Peguem o novilho gordo e o matem. Vamos fazer um banquete. Porque este meu filho estava morto e tornou a viver; estava perdido, e foi encontrado."

A alegria do pai não tem outro motivo senão a volta do filho. Pura e simplesmente. O fato de ter corrido em direção ao filho já representa em si uma quebra de costumes, pois pela tradição o patriarca deveria manter um andar lento, solene e jamais correr ao encontro de alguém, muito menos de um filho que o ofendeu. Com esse gesto público, por amor ao filho, o pai está sendo novamente humilhado diante das pessoas de sua aldeia. No entanto, tudo o que oferece ao filho demonstra que o está aceitando não como serviçal, mas na condição de filho, reintegrado ao convívio comunitário. A reconciliação é plena.

A conduta do segundo filho, por sua vez, também é bastante reveladora. Ele viveu todos os anos próximo ao pai, ficou dentro de casa, mas, contraditoriamente, não conseguiu construir laços de afeto. Em lugar de buscar o carinho do pai, preferiu viver como um empregado distante. Se pensarmos bem, muitas vezes nós agimos como o filho mais velho. Há, por exemplo, quem frequente a missa todos os domingos, confesse-se, comungue, mas sem conseguir realizar a verdadeira experiência do amor de Deus. Assim como o filho mais velho, muitos são implacáveis com os que erram, medíocres na misericórdia, incapazes de dar uma nova chance a quem quer que seja. Na parábola, ele não se refere àquele que voltou como "meu irmão" ou algo do gênero, e sim "esse teu filho". Tenta de todas as formas transferir para o pai o seu próprio veneno, relembrando e acentuando os deslizes cometidos pelo irmão arrependido.

Diante das atitudes do filho mais novo e do filho mais velho, esta parábola nos ajuda a fazer uma revisão de vida e perceber com qual deles nos identificamos mais. E aqui faço uma advertência: cuidado, pois nem o filho mais novo, o "pródigo", e nem o filho mais velho, o "impiedoso", são modelos de vida. Seus descaminhos nos servem de lição, mas o modelo está na misericórdia do pai.

Assim também, Deus nunca nos virará as costas. Diferentemente de nós, Ele sabe perder e, sobretudo, esperar. Ainda que O abandonemos em busca de aventuras sem sentido, o que acarretará dor e sofrimento, ao voltarmos, Ele sempre nos acolherá. Santo Agostinho disse: "Deus está sempre disposto a perdoar, mas nem sempre nós teremos o 'sempre'." Talvez nos falte aquilo que o filho pródigo teve: tempo de se arrepender, tempo de voltar. Nem sempre teremos o "sempre".

Deus se entristece quando Lhe viramos as costas. Ele sente saudade quando nos afastamos e, a todo momento, espera ver-nos voltando. Essa é uma imagem marcante que sempre está na minha mente: Deus esperando toda a humanidade voltar para Ele.

Um irmão nosso comprovou o quanto somos bem-vindos na morada de Deus. Vejamos o seu testemunho:

Padre, tenho 30 anos e já cometi vários erros em minha vida. O maior deles foi ter saído de casa. Eu tinha uma família maravilhosa com esposa e uma filha, que, na época, tinha apenas cinco anos e era muito apegada a mim. Eu e minha esposa começamos a brigar direto, e na maioria das vezes a culpa era minha. Comecei a sair muito e chegava em casa tarde e bêbado. Então, achei que não dava mais certo e fui embora.

Daí em diante, foi só festa, bebedeira e mulherada. Eu era livre e não tinha que dar satisfação a ninguém. Achei que estava certo, que tinha direito a ser feliz, mas, depois de um tempo, comecei a me sentir triste e só. Parei para pensar e vi que estava tudo errado.

Apesar de estar afastado de Deus e fazer tantas coisas erradas, Ele me mostrou que tinha uma chance. Voltei arrependido e pedi perdão à minha esposa. Procurei o Sacramento da Confissão e me reconciliei com Deus.

Padre, voltei para o meu lar, para as pessoas que realmente me amam e para a casa do Pai. Hoje, sim, estou feliz, e agradeço por esta graça de poder recomeçar.

Da mesma forma, se algum dia você se perdeu, volte para a casa do seu Pai. Deus o aguarda, e não hesite em reconhecer seu engano, porque Ele sempre vai amá-lo acima de tudo.

Para rezar

Salmo 50
R.: Misericórdia, ó Senhor, pois pecamos.

³ Tende piedade, ó meu Deus, misericórdia!
Na imensidão de vosso amor, purificai-me!
⁴ Lavai-me todo inteiro do pecado,
e apagai completamente a minha culpa!

⁵ Eu reconheço toda a minha iniquidade,
o meu pecado está sempre à minha frente.
⁶ Foi contra vós, só contra vós, que eu pequei,
e pratiquei o que é mau aos vossos olhos!

Mostrais assim quanto sois justo na sentença,
e quanto é reto o julgamento que fazeis.
⁷ Vede, Senhor, que eu nasci na iniquidade
e pecador já minha mãe me concebeu.

⁸ Mas vós amais os corações que são sinceros,
na intimidade me ensinais sabedoria.

⁹ *Aspergi-me e serei puro do pecado,*
e mais branco do que a neve ficarei.

¹⁰ *Fazei-me ouvir cantos de festa e de alegria,*
e exultarão estes meus ossos que esmagastes.
¹¹ *Desviai o vosso olhar dos meus pecados*
e apagai todas as minhas transgressões!

¹² *Criai em mim um coração que seja puro,*
dai-me de novo um espírito decidido.
¹³ *Ó Senhor, não me afasteis de vossa face,*
nem retireis de mim o vosso Santo Espírito!

¹⁴ *Dai-me de novo a alegria de ser salvo*
e confirmai-me com espírito generoso!
¹⁵ *Ensinarei vosso caminho aos pecadores,*
e para vós se voltarão os transviados.

¹⁶ *Da morte como pena, libertai-me,*
e minha língua exaltará vossa justiça!
¹⁷ *Abri meus lábios, ó Senhor, para cantar,*
e minha boca anunciará vosso louvor!

¹⁸ Pois não são de vosso agrado os sacrifícios,
e, se oferto um holocausto, o rejeitais.
¹⁹ Meu sacrifício é minha alma penitente,
não desprezeis um coração arrependido!

²⁰ Sede benigno com Sião, por vossa graça,
reconstruí Jerusalém e os seus muros!
²¹ E aceitareis o verdadeiro sacrifício,
os holocaustos e oblações em vosso altar!

- Glória ao Pai, e ao Filho, e ao Espírito Santo.
Como era no princípio, agora e sempre. Amém.

Oração

Senhor,
o Teu amor me purifica,
a Tua misericórdia me resgata,
o Teu abraço de Pai me acolhe.
Dá-me um coração como o de Cristo,
capaz de transbordar essa misericórdia
e perdão a todos.

Senhor, fortalece o meu pensar, meu querer, meu agir,

para que eu possa resistir às seduções do mundo.

Afasta de mim tudo que me leva ao caminho da

perdição.

Eu quero estar em Tua presença.

Não permitas que eu viva na arrogância e na soberba,

que fazem com que me ache autossuficiente e geram

frutos de egoísmo.

Tem misericórdia e conduz-me a uma conversão sincera

e verdadeira.

Envolve-me no Teu mistério de amor, esclarece-me o

que precisa ser mudado, transformado e renovado.

Que eu nunca me afaste da Tua face.

És o Deus da misericórdia e do perdão.

Amém.

Quarta parábola:

JÁ FIZ A EXPERIÊNCIA DE ME SENTIR PERDOADO, SE NÃO CONSIGO PERDOAR?

Parábola do Servo Mau
(Mateus 18,21-35)

Atualmente, está em alta a busca pelo bem-estar. Fazemos exercícios, deixamos de comer certos alimentos e, às vezes, incorporamos outros menos saborosos à nossa dieta, buscando melhorar nossa saúde física e mental. Essa é uma atitude louvável que devemos incentivar.

Mas, e quanto aos cuidados com o nosso interior, a nossa vida espiritual?

Ninguém é obrigado a ter "sangue de barata", como se diz popularmente, e não se pode querer que as injustiças, agressões, mentiras e injúrias cometidas contra nós não nos causem sofrimento. Por outro lado, se fizermos do nosso coração um depósito de ressentimentos, deixando-nos corroer pelo ódio e alimentando o desejo de vingança, perderemos a paz e nos tornaremos pessoas amargas, rancorosas, tristes e de alma doente.

Então, como superar o mal sofrido? Jesus nos dá mais essa lição:

Então, Pedro, chegando-se a Ele, perguntou-lhe:

"Senhor, quantas vezes devo perdoar ao irmão que pe-

car contra mim?

Até sete vezes?" Jesus respondeu-lhe:

"Não te digo até sete, mas até setenta vezes sete."

Eis porque o Reino dos Céus é semelhante a um

rei que resolveu acertar contas com os seus servos.

Ao começar o acerto, trouxeram-lhe

um que devia dez mil talentos. Não tendo este com que

pagar, o senhor ordenou que o vendessem, juntamente

com a mulher, os filhos

e todos os seus bens, para o pagamento da dívida.

O servo, porém, caiu aos seus pés e, prostrado,

suplicava-lhe:

"Dá-me um prazo e eu te pagarei tudo."

Diante disso, o senhor, compadecendo-se do

servo, soltou-o e perdoou-lhe a dívida.

Mas, quando saiu dali, esse servo encontrou

um dos seus companheiros de servidão, que lhe devia

cem denários e, agarrando-o pelo pescoço, pôs-se a

sufocá-lo

e a insistir: "Paga-me o que me deves."

O companheiro, caindo aos seus pés, rogava-lhe:

"Dá-me um prazo e eu te pagarei."

Mas ele não quis ouvi-lo; antes,

retirou-se e mandou lançá-lo na prisão até que pagasse

o que devia.

Vendo os seus companheiros de servidão o que acontecera, ficaram muito penalizados e, procurando o senhor, contaram-lhe todo o acontecido.

Então, o senhor mandou chamar aquele servo e lhe disse:

"Servo mau, eu te perdoei toda a tua dívida, porque me rogaste. Não devias, também tu, ter compaixão do teu companheiro, como eu tive compaixão de ti?"

Assim, encolerizado, o seu senhor o entregou aos verdugos, até que pagasse toda a sua dívida.

Eis como meu Pai celeste agirá convosco, se cada um de vós não perdoar, de coração, ao seu irmão

(Mateus 18,21-35).

Esta parábola nos leva a refletir sobre um dos pontos mais difíceis e complicados do Cristianismo: o perdão.

Um dos pilares da missão de Jesus é mostrar que Deus Pai é compassivo, misericordioso e capaz de perdoar sempre. Jesus vem revelar que Deus não é inatingível; o Todo Soberano Se derrama em amor por nós gratuitamente, sem termos feito nada para merecer. Ele simplesmente nos ama porque somos parte d'Ele. Fomos feitos à Sua imagem e semelhança. São João Crisóstomo afirma: "Nada nos assemelha tanto a Deus quanto a doçura e a caridade com aqueles que nos ultrajam com mais malícia e violência" (Homilia 19 — Evangelho de São Mateus, c. 7).

A história narrada por Jesus é uma forma pedagógica de explicar a resposta que dá a Pedro diante da pergunta sobre o limite do perdão. Ao questionar, o apóstolo nem sequer espera pelo retorno do Mestre e sugere o veredicto, ainda que em forma de indagação: "Até sete vezes?" Pedro achou que havia estipulado a cota máxima, e Jesus surpreende ao propor algo muito além do que imaginava, simbolizado pela expressão "setenta vezes sete", isto é, sempre.

Percebemos que se trata de perdoar muitas vezes a mesma pessoa, ainda que reincida em erros e deslizes já cometidos, o que significa ter tolerância e, mais do que isso, misericórdia. Também exige força de vontade e empenho, especialmente quando se trata de pessoas mais próximas. Primeiramente, porque as atitudes de terceiros não nos causam tanto sofrimento e decepção quanto a daqueles a quem queremos bem e das quais não esperamos tratamento hostil ou atitudes prejudiciais. Em segundo lugar, porque, nesse caso, o perdão exige reconstruir a confiança, a convivência e o próprio relacionamento.

Porém, e esta é uma forma de dar um xeque-mate no egoísmo, ao perdoar não devemos nos preocupar com os efeitos do nosso gesto: se vai trazer a pessoa de volta, se ela vai mudar, se também irá nos perdoar ou se a relação será restaurada. A reconciliação é uma consequência do perdão, mas que nem sempre ocorre. Ainda que o amor, em geral, tenda a ser recíproco, o perdão pode e deve ser gratuito, sem estabelecer condições. Deus age assim conosco; por mais egoístas, miseráveis e pecadores que sejamos, Ele nos perdoará sempre. Isso é reafirmado na primeira parte da parábola, em que o empregado devedor é perdoado em sua dívida, a princípio impagável em razão do alto valor.

Entretanto, nem assim o servo mau assimilou a lógica do perdão e agiu com violência em relação ao companheiro que lhe devia uma quantia mínima, mandando colocá-lo na prisão. Essa conduta se volta contra o próprio servo mau, que acaba por ser castigado, e devemos entender a entrega aos torturadores como símbolo do sofrimento que a própria pessoa rancorosa se impõe por não ser capaz de perdoar.

O perdão deve prevalecer, principalmente por se tratar de um preceito de Nosso Senhor. É difícil? Ninguém está dizendo que não seja. Agora, imagine o quão difícil foi para Jesus perdoar a humanidade que demonstrou toda a sua ingratidão ao condená-Lo e deixá-Lo morrer na Cruz? Pois, contra todas as probabilidades, foi o que Nosso Senhor fez; não só perdoou, como intercedeu por nós perante o Pai: "Pai, perdoa-lhes; eles não sabem o que fazem" (Lucas 23,34). Se não somos capazes de amar o suficiente para perdoar, pensemos no amor de Jesus e façamos isso também por Ele. Perdoemos, pois foi isso o que Cristo nos pediu. Como São Tomás de Aquino explica: "Precisamos saber que há dois modos de perdoar o próximo. O primeiro é o dos perfeitos, que leva os ofendidos a procurarem os ofensores, como diz o Salmista: 'Procurai a paz' (Salmos 33,15). O segundo modo de perdoar é comum a todos, é a obrigação de todos; nada mais é que perdoar os que pedem perdão, como diz o Eclesiástico: 'Perdoa ao teu próximo o mal que te fez, e teus pecados serão perdoados quando o pedires'" (Eclesiástico 28,2).

Muitas pessoas dizem ser fácil perdoar, porque acreditam tratar-se simplesmente de desculpar ou minimizar a ofensa sofrida e fingir que nada aconteceu. Agir dessa forma significa mascarar o problema. É como colocar um curativo em cima de uma ferida ainda aberta. Ela pode até aparentar estar cicatrizada, mas, por baixo da casca, a infecção permanece.

Insisto: a ferida precisa ser raspada, sangrada, para haver cicatrização.

Desculpar não é perdoar, e o perdão só cura quando reconhecemos a dor, conversamos sobre a ofensa e, apesar de admitir ao outro que ele agiu mal e nos machucou, escolhemos não alimentar a tristeza, não guardar ressentimentos e, em Deus, perdoamos suas fraquezas e limitações.

Geralmente quando se perdoa, não se esquece. A memória do que passamos não se apaga, e nem Deus pede que a apaguemos. Assim, se no momento em que lembrarmos daquilo que nos fizeram, sentirmos mágoa ou dor, façamos um esforço para não consentirmos nem nos determos nesse sentimento que, com o tempo, cicatrizará. Há distinção importante entre simplesmente sentir uma emoção negativa (de vingança ou concupiscência) e consentir nela, o que, sendo coisa da vontade, pode ser pecado, enquanto não o é se a sensação ocorre a contragosto. Confundir sentimento com consentimento leva à autoculpabilização neurótica. É muitas vezes o caso da mágoa: caso seja apenas sentida, é coisa natural e sem problema; por outro lado, ao ser consentida, e pior, alimentada, leva ao pecado e até à doença. Quando perdoamos de fato, a lembrança daquilo que foi cometido contra nós deixa de ter poder destrutivo e não desperta mais emoções negativas, dando-nos força para prosseguir. Já os que não trilham esse caminho, tendem a se tornar agressivos e vingativos.

Jesus nos ensinou a rezar na Oração do Pai Nosso: "Perdoai as nossas ofensas, assim como perdoamos quem nos tem ofendido." São Paulo também recomenda essa prática em sua carta aos Colossenses ao afirmar: "Suportem-se uns aos outros e se perdoem mutuamente, sempre que tiverem queixa contra alguém. Cada um perdoe o outro, do mesmo modo que o Senhor perdoou vocês" (Colossenses 3, 13).

Por tudo isso, não nos cabe guardar mágoas e agir de forma rancorosa. Isso só serve para envenenar a alma e nos afastar da Graça Divina. A esse propósito, novamente cito uma afirmação de São João Crisóstomo: "Guardando rancor cravamos em nós mesmos a espada. Porque, o que é aquilo que pode ter feito teu ofensor, comparado com o que fazes a ti mesmo quando te enches de ira e atrais contra ti a sentença condenatória de Deus?" (Homilia 61 — Evangelho de São Mateus, c.5).

Além disso, quem se fecha à graça do perdão fica preso ao passado, à dor, à magoa, à raiva e, às vezes, até ao desejo de vingança, sentimentos tóxicos que acabam bloqueando o futuro. O quadro pode até mesmo se agravar e gerar doenças psicossomáticas, pois reduz a imunidade do organismo e abre espaço para enfermidades oportunistas.

A ausência do perdão bloqueia até a oração. Toda pessoa que tem muita dificuldade de rezar devia se perguntar se não está com excesso de mágoa e inimizade. Qual a relação? É bíblico: "Se estás, portanto, para fazer a tua oferta diante do altar e te lembrares de que teu irmão tem alguma coisa contra ti, deixa lá a tua oferta diante do altar e vai primeiro reconciliar-te com teu irmão; só então vem fazer a tua oferta" (Mateus 5,23-24). A falta de perdão causa um bloqueio em nossa comunhão com Deus. Santo Agostinho disse: "Quando for rezar, comece perdoando."

A dívida que, na parábola, o rei (Deus) perdoou superou o próprio pedido do devedor, ou seja, foi além das expectativas. O devedor pediu um adiamento, mas o rei (Deus) o perdoa sanando a dívida completamente. Todos nós temos uma dívida imensa com Deus. Qual? Os nossos pecados, os cometidos involuntariamente, os voluntários e os herdados. O Batismo perdoa o pecado original, mas não elimina a inclinação de nossa natureza para o pecado. Jesus também excedeu em generosidade e pagou toda a nossa dívida na Cruz. Ele foi o Cordeiro, a nossa libertação.

Temos dificuldade em perdoar porque nos achamos "bons" e temos dificuldade em nos humilhar. Mas a verdade é que o forte perdoa, enquanto o fraco guarda mágoas e se vinga. Quanto mais perdoamos, mais nos aproximamos da natureza de Deus.

Diante da atitude do servo que foi miserável e não perdoou, os amigos do injustiçado se reuniram e foram interceder junto ao rei, que voltou atrás na decisão e mandou castigar o servo mau. Vemos aí a intercessão da Igreja: os "companheiros" podem unir-se e pedir a Deus pelos injustiçados; aí esta o embrião da intercessão mostrando todo o seu poder. Isso nos faz pensar na força de um grupo de oração, capaz, por assim dizer, de contribuir para mudar a decisão de Deus.

Como já ressaltei, somente perdoa quem entendeu o valor do perdão recebido de Deus. E quanto mais uma pessoa vive a experiência desse amor e do perdão sem limites, maior é a sua capacidade de perdoar.

Isso aconteceu com uma pessoa que partilhou:

Padre, eu guardava mágoa e ressentimento de uma pessoa de minha família muito chegada a mim, a quem eu não conseguia perdoar. Isso causava ansiedade e me fazia sofrer. Eu estava me tornando uma pessoa frustrada. Como consequência, fiquei doente e entrei em depressão. Só consegui me equilibrar novamente quando procurei essa pessoa, abri meu coração e perdoei.

O perdão me curou e me devolveu a alegria de viver.

Agradeço a Deus por ter tomado a decisão de perdoar e de dar o primeiro passo para que isso acontecesse.

E você, carrega mágoas do passado? Fez a experiência do perdão? Já a estendeu àqueles que o cercam?

O perdão cura, quebra o ciclo do ódio, liberta e
propicia crescimento pessoal e espiritual.

Para rezar

Salmo 102 (103)

**R.: Bendize, ó minha alma, ao Senhor,
não te esqueças de nenhum de seus favores!**

[1] *Bendize, ó minha alma, ao Senhor,*

e todo o meu ser, seu santo nome!

[2] *Bendize, ó minha alma, ao Senhor,*

não te esqueças de nenhum de seus favores!

[3] *Pois ele te perdoa toda culpa,*

e cura toda a tua enfermidade;

[4] *da sepultura ele salva a tua vida*

e te cerca de carinho e compaixão;

[5] *de bens ele sacia tua vida,*

e te tornas sempre jovem como a águia!

[6] *O Senhor realiza obras de justiça*

e garante o direito aos oprimidos;

[7] *revelou os seus caminhos a Moisés,*

e aos filhos de Israel, seus grandes feitos.

[8] *O Senhor é indulgente, é favorável,*

é paciente, é bondoso e compassivo.

⁹ Não fica sempre repetindo as suas queixas
nem guarda eternamente o seu rancor.

¹⁰ Não nos trata como exigem nossas faltas
nem nos pune em proporção às nossas culpas.

¹¹ Quanto os céus por sobre a terra se elevam,
tanto é grande o seu amor aos que o temem;

¹² quanto dista o nascente do poente,
tanto afasta para longe nossos crimes.

¹³ Como um pai se compadece de seus filhos,
o Senhor tem compaixão dos que o temem.

¹⁴ Porque sabe de que barro somos feitos,
e se lembra que apenas somos pó.

¹⁵ Os dias do homem se parecem com a erva,
ela floresce como a flor dos verdes campos;

¹⁶ mas apenas sopra o vento ela se esvai,
já nem sabemos onde era o seu lugar.

¹⁷ Mas o amor do Senhor Deus por quem o teme
é de sempre e perdura para sempre;
e também sua justiça se estende

por gerações até os filhos de seus filhos,
18 aos que guardam fielmente sua Aliança
e se lembram de cumprir os seus preceitos.

19 O Senhor pôs o seu trono lá nos céus,
e abrange o mundo inteiro seu reinado.
20 Bendizei ao Senhor Deus, seus anjos todos,
valorosos que cumpris as suas ordens,
sempre prontos para ouvir a sua voz!

21 Bendizei o Senhor Deus, os seus poderes,
seus ministros, que fazeis sua vontade!
22 Bendizei-o, obras todas do Senhor
em toda parte onde se estende o seu reinado!
Bendize, ó minha alma, ao Senhor!

Glória ao Pai, e ao Filho, e ao Espírito Santo.
Como era no princípio, agora e sempre. Amém.

Oração

Bendize a minha alma, Senhor,

eu bendigo o Teu Nome,

minha alma Te louva, Senhor.

Não esqueças nenhum de Teus benefícios.

O Senhor cura-me de todos os males,

perdoa todas as minhas culpas

e resgata-me em minhas imperfeições.

O Senhor é compaixão, o Senhor é piedade, o Senhor é

amor.

O Senhor a quem amo é um Pai, a Quem quero servir

e com Quem quero consumir meus dias.

Senhor, Tu és um pai que conhece as minhas

estruturas,

bem sabe que eu sou pó,

um pó frágil, um pó fragilizado pela humanidade.

Não permitas que meu coração se feche ao perdão.

Não permitas, Senhor, que eu guarde mágoas, rancor e

ódio.

Ajuda-me a perdoar, como sou perdoado.

A minha felicidade está em cumprir a Tua vontade, ó

Senhor.

Amém.

Quinta parábola:

SINTO-ME "OVELHA MACHUCADA E PERDIDA"?

Parábola da Ovelha Perdida
(Lucas 15,4-7)

O ser humano, apenas por sua natureza, não tem forças para lutar contra o mal que assola o mundo atual. Por isso, muitas vezes nos sentimos sós, feridos e perdidos.

Fomos acostumados com a figura do Deus austero e vingativo, pronto a nos castigar sempre que falhamos. E em uma atitude infantil, queremos nos esconder d'Ele, como fazemos quando somos crianças e praticamos uma travessura, tentando em vão evitar a punição que supostamente logo virá. Esquecemos que diante do Pai não há esconderijo para nossos pecados; Deus sabe tudo. Por outro lado, mesmo assim Ele nos ama, e atentar para isso nos traz grande conforto.

Hoje em dia, os jovens andam por aí tatuados, muitas vezes fazendo do próprio corpo um cartaz ambulante para propagar o nome de cantores e grupos musicais. Até mesmo se vestem como esses ídolos na tentativa de se identificarem com alguma mensagem, de pertencerem a uma determinada "tribo". Então, eu pergunto: Será que não está na hora de apresentarmos aos nossos adolescentes o próprio Jesus Cristo de uma forma tão atraente e cativante que eles se sintam plenamente identificados e queiram segui-Lo? Será que não estamos passando uma imagem errada de Deus? Um Deus que procura motivos para nos castigar, em lugar de um Deus de misericórdia e amor? Se no Livro de Deus somos muito mais do que apenas um número, se Ele se preocupa com todos nós e com cada um em particular, por que todo esse afastamento?

É exatamente esse lado "construtivo" que Jesus Cristo nos apresenta nesta parábola:

Qual de vós, tendo cem ovelhas e ao perder uma,
não abandona as noventa e nove no deserto
e vai em busca daquela que se perdeu, até encontrá-la?
E achando-a, alegre a coloca sobre os ombros e,
de volta para casa, convoca os amigos e
os vizinhos, dizendo-lhes:
"Alegrai-vos comigo, porque encontrei a minha ovelha
perdida!"
Eu vos digo que do mesmo modo haverá mais alegria
no céu por um só pecador que se arrependa
do que por noventa e nove justos que não precisam de
arrependimento (Lucas 15,4-7).

Esta parábola apresentada por Lucas faz parte de uma tríade — "a ovelha perdida", "a dracma perdida" e "o filho pródigo" — e há um motivo para tal combinação. É uma das histórias mais curtas e ao mesmo tempo profundas contadas por Jesus, cujo principal objetivo é exemplificar o amor de Deus por aqueles que estão perdidos.

O pano de fundo é a história de um homem que cuidava de cem ovelhas. De repente, ele fica com noventa e nove. O que aconteceu? Ele perdeu a ovelha ou a ovelha se desgarrou?

Caso o pastor a tivesse perdido, a culpa seria sua, contudo foi a ovelha que se desgarrou. Isso é muito importante para entendermos a pedagogia redentora: Deus Pai nunca rompeu com a humanidade, porque nos ama; Sua aliança permanece fiel, nós é que nos afastamos d'Ele.

Se seguisse uma visão pragmática e utilitarista, o pastor poderia ter se conformado em ficar com noventa e nove ovelhas, sem se importar com apenas uma delas perdida, pois o seu rendimento continuava garantido. Não obstante, ele reage de forma diferente. Faz questão de reconduzir a ovelha perdida e até corre riscos para encontrá-la, porque para ele não se tratava da "centésima", mas de uma importante ovelha do seu rebanho.

Na parábola, Jesus representa o bom pastor, capaz de dar sua própria vida pelo resgate de uma ovelha do seu rebanho. Mas, é só isso? Não! Mesmo sendo uma ovelha desobediente, Ele não desiste dela e enfrenta todos os riscos para resgatá-la. Quando a encontra, não discute as razões pela qual se desgarrou; não a castiga, antes, cuida de suas feridas a coloca nos ombros, conduzindo-a sã e salva novamente ao seu aprisco.

Não podemos julgar que o pastor tenha negligenciado as noventa e nove ovelhas por deixá-las sós. Ele sabia o que estava fazendo, e o fato é que a ovelha perdida necessitava de mais carinho e cuidados. Isso não significa que aquelas que estão a salvo não precisem de atenção. Por exemplo, quando um filho está doente, os pais dedicam mais cuidados a ele, o médico é chamado para atendê-lo, e essa atitude não indica que seja mais amado, mas que está passando por um momento no qual demanda maior atenção em relação aos demais.

Todos nós precisamos ter o mesmo empenho no resgate daqueles que se afastaram do rebanho. Deus quer trazer de volta aqueles que estão no caminho errado e nós temos que ajudar. Não podemos cruzar os braços; ou somos colaboradores do Reino de Deus, ou não merecemos essa honraria.

Uma curiosidade: os números citados nas três parábolas são inversamente decrescentes, respectivamente sobre a ovelha, a dracma (moeda grega de prata) e o filho perdidos: uma ovelha entre cem, uma dracma entre dez, um filho entre dois. Santo Ambrósio faz a seguinte relação entre as histórias: "Não é sem motivo que São Lucas propôs três parábolas seguidas: a ovelha que se tinha extraviado e que foi encontrada, a dracma perdida e que fora encontrada, o filho morto e que recobrou a vida. É para que este tríplice remédio te comprometa a cuidar das tuas feridas; porque uma corda de três fios não é fácil de romper (Eclesiastes 4,12). Quem são este pai, este pastor, esta mulher? Não são, por acaso, Deus Pai, Cristo, a Igreja? Cristo te leva em seu corpo, tendo tomado sobre ele teus pecados; a Igreja te busca; o Pai te recebe. Como pastor, te traz de novo; como mãe, te busca; como pai, te veste. Primeiro a misericórdia, depois o auxílio, em terceiro lugar a reconciliação. Cada detalhe se ajusta a cada um: o Redentor vem em ajuda, a Igreja auxilia, o Pai se reconcilia [com o pecador]. É a mesma misericórdia da obra divina, mas a graça varia conforme nossos méritos. A ovelha cansada é reintegrada pelo pastor, a dracma perdida é encontrada, o filho encontra o caminho até seu pai e retorna plenamente arrependido de um erro que condena" (S. Ambrósio, Exposição sobre o Evangelho segundo São Lucas, l. VII, 207-208).

Vejo com ressalva a tentativa muito comum de criar um Deus "particular", quando, na verdade, nós também somos a Igreja e a religião. O perigo do individualismo, de dizer "Eu preciso de Deus, mas não preciso da Igreja; eu amo Jesus Cristo, mas não gosto da doutrina católica" é justamente enfraquecer os elos e acabar minando o todo. A Igreja é lugar de vida, cura, acolhimento, perdão, reconciliação e restauração, e é isso que os jovens e todos os que estão machucados precisam saber. A igreja é mãe e mestra para disciplinar o recomeço, porém nós nos contentamos com aqueles que já foram evangelizados e estão em segurança, e não nos propomos a ir atrás das "ovelhas desgarradas". Não temos criatividade e não nos empenhamos.

A parábola também nos mostra que Deus é alegria, festa, e Ele quer que sejamos felizes, porém a felicidade só brota quando estamos em Deus. Toda pessoa que se aparta de Deus colhe tristeza, angústia, desespero e se perde. Já quando enfrentamos qualquer situação em Deus, nós nos sentimos seguros e não deixamos espaço para o desânimo e a desesperança.

Sim, ao encontrar a ovelha perdida o pastor se alegra e partilha esse sentimento com seus amigos. A passagem representa Deus que se alegra com os anjos pelo pecador recuperado e reconduzido de volta para casa.

O coração de Deus é generoso e Jesus está mostrando isso. Da mesma forma, devemos nos empenhar em trazer para perto de nós as ovelhas extraviadas, alegrando-nos com seu êxito e sua volta.

Na verdade, a "ovelha perdida" representa todos nós, porque já nos desgarramos e fomos resgatados. Em uma leitura apressada, achamos que provavelmente Jesus se refere aos adúlteros, mentirosos, ladrões etc., mas esquecemos de um fato muito importante: na Cruz, Jesus nos resgatou no Seu amor.

Ainda assim, novamente muitos se desviaram, por isso temos que ser missionários. Antecipar o Reino e trazê-lo para nossa realidade.

Estamos acostumados à corrupção, à violência e a uma série interminável de desgraças. Mas será que Deus gosta disso? Deseja que alguém seja infeliz? Se Ele Se importa com o sofrimento, porque existe a doença?

Pela vontade de Deus, ninguém morreria, ficaria doente ou seria infeliz. Da mesma forma, nenhuma de Suas ovelhas se perderia em meio às drogas nem se entregaria ao alcoolismo. Quando alguém está sofrendo, Deus também sofre, porque não é isso o que Ele quer. De inúmeras formas, Ele tentou e tenta nos libertar. Por isso, rezamos, para reencontrar o caminho da libertação e do bem, e nesse sentido a oração tem muito poder. Achamos que Deus fica com raiva e nos castiga, por exemplo, por meio do sofrimento de pessoas próximas. Muitos pensam: "Meu filho está doente, será castigo de Deus porque eu fiz algo errado?" Não! Isso não é verdade. No entanto, temos de cuidar para não provarmos do mesmo fruto da perdição que prejudicou nossos antepassados e contemporâneos.

Esse aspecto é particularmente importante, e eu costumo referir-me a ele como "carga genética espiritual perigosa". É fácil de entender. Quando vamos à primeira consulta com um médico, ele faz o que chama de anamnese, aquela entrevista para conhecer um pouco da nossa história e dos nossos hábitos, estabelecendo relações entre o nosso quadro clínico e casos existentes na família de pressão alta, diabetes, doenças cardíacas, câncer, entre outras doenças que estamos propensos a ter. Da mesma forma, na vida espiritual, se membros de nossa família, como avô, pai, mãe, tios cometeram faltas que os levaram a se perder em pecado grave, por exemplo, roubo e corrupção, podemos "herdar" esse exemplo negativo e devemos ter cuidado redobrado para não seguir o mesmo caminho. Ainda assim, insisto que a misericórdia de Deus existe para nos resgatar. Deus, Jesus Cristo, Nossa Senhora se interessam pela nossa salvação, mesmo que ainda não tenhamos chegado à maturidade espiritual de querê-la.

Para Orígenes, um dos maiores teólogos e escritores do começo do Cristianismo, que teve sua interpretação largamente aceita na Igreja, as cem ovelhas representam a totalidade da criação dos seres dotados de inteligência, ou seja, toda a criação racional, composta pelos anjos, a multidão da milícia celeste e a humanidade.

Partindo desse princípio, a "ovelha perdida" pode não ser apenas um único pecador, mas todo o gênero humano que se perdeu pelo pecado de Adão. Compreenda-se que também Adão não é somente um homem, mas representa toda a humanidade, que, em razão do pecado cometido, fica apartada de Deus e fora do Seu rebanho. Ao deixar o aprisco celestial, a ovelha perdida (humanidade) desgarra-se de Deus e das demais criaturas racionais, as noventa e nove que ficaram em segurança no aprisco. Portanto, a desobediência de nossos primeiros pais não só causou uma separação entre Deus e o homem, como também entre o homem e os anjos. Mas Deus Se preocupa com a humanidade e não nos abandona, por isso os anjos voltaram a velar por nós.

O fato é que a obra da Criação estava incompleta com uma ovelha perdida. Então, o maior mistério do amor de Deus aconteceu: o Verbo, que também era Deus, se fez carne e habitou entre nós (João 1,1.14). Encarnou-Se para salvar e restaurar a obra da Criação. Jesus, o Bom Pastor, veio com o único objetivo de resgatar o ser humano para levá-lo de volta à morada das cem ovelhas.

Ao entrar na história humana, Jesus une novamente o céu e a terra, e renova nossas relações com o Pai.

A partir do momento que a humanidade se afastou de Deus, tornou-se alvo fácil de Satanás, o "lobo feroz". Uma ovelha desgarrada se machuca. E Jesus é o Pastor, que deixou as noventa e nove ovelhas e vai atrás daquela que se perdeu, disposto não só a encontrá-la, como a carregá-la nos ombros. Não foi fácil, mas Ele não desistiu. Foi traído, preso, morto, mas ainda assim carregou a humanidade nos Seus ombros para a nossa salvação.

Embora reflita algo que já aconteceu, esta parábola continua mais atual do que nunca, porque também retrata o que vivemos hoje. Sim, o Pastor já nos resgatou, mas mantivemos nossa tendência ao pecado que nos leva para longe de Deus. Nós somos a "ovelha perdida" que precisa ajudar o pastor a encontrá-la, reconhecer e seguir a sua voz, retornando ao caminho do bem. O grande problema, muitas vezes, está na supervalorização dos nossos feitos. Deveríamos continuar caminhando em direção a Deus, mas paramos no meio do caminho acreditando que já fizemos a nossa parte. Se não matamos e não roubamos, está tudo bem. Não! Nossa meta é a santidade, não podemos parar. Não podemos ser "água morna", como sugere o Livro do Apocalipse: "Conheço as tuas obras, que nem és frio nem quente; quem dera foras frio ou quente! Assim, porque és morno, e não és frio nem quente, vomitar-te-ei da minha boca" (Apocalipse 3,15-16).

Jesus é o Bom Pastor. N'Ele fomos alcançados pelo amor de Deus, e agora somos chamados para sermos instrumentos propagadores do Seu amor. Ele nos enviou como ovelhas no meio de lobos e nos ensinou a sermos astutos como as serpentes e prudentes como as pombas (cf. Mateus 10,16).

Existem muitas "ovelhas perdidas" perto de nós que precisam ser alcançadas por esse amor. Jesus deu a ordem e o exemplo; cabe a nós aceitarmos o Seu chamado e dizer: "Senhor, eu agradeço por ter sido resgatado e peço que me ajude a resgatar as ovelhas perdidas na minha família e na minha comunidade. Eu quero agir como o bom pastor, quero aprender a perdoar sempre, ser simples como as pombas, ser um cordeiro entre os lobos e não ter medo de enfrentá-los. Eu quero fazer o bem, mesmo quando ofendido; eu quero rezar, mesmo quando perseguido. Eu quero agir com doçura e mansidão, mesmo que me ofendam. Eu quero ser como o bom pastor, e se alguém na minha família se machucar e perder as forças, vou trazê-lo nos ombros."

Partilho uma experiência de retorno ao rebanho do Senhor:

Fui criada em uma família católica, mas acabei me desgarrando e me perdendo. Vivi experiências por caminhos contrários. Por inúmeras vezes, querendo saber mais do que Deus, procurei cartomantes. Em busca de soluções rápidas, cultuei falsos deuses, fiz oferendas em falsos altares. Mas só o que consegui foram decepções, complicações e confusão mental, sem contar o desperdício de tempo e dinheiro.

Eu não era feliz, não tinha paz em meu interior nem em minha família. Meu casamento passou por tribulações. Eu e meu marido traímos todos os votos do matrimônio.

Eu me sentia cansada, doente no espírito, machucada, e não sabia o que fazer da minha vida. Então, por intermédio das suas palavras no rádio, descobri o amor de Deus. Jesus me resgatou, voltei à fé católica e transformei minha casa em uma "igreja doméstica", onde reina a paz.

Obrigada, Senhor, pela graça recebida.

Se você está vagando como uma ovelha perdida, deixe-se encontrar pelo Bom Pastor, não importa a condição em que esteja. Ele quer resgatá-lo e conduzi-lo de volta ao rebanho.

Para rezar

Salmo 22 (23)
R.: Na casa do Senhor habitarei, eternamente.

O Senhor é o pastor que me conduz;
não me falta coisa alguma.
[2] Pelos prados e campinas verdejantes
ele me leva a descansar.
Para as águas repousantes me encaminha
[3] e restaura as minhas forças.

Ele me guia no caminho mais seguro,
pela honra do seu nome.
[4] Mesmo que eu passe pelo vale tenebroso,
nenhum mal eu temerei;
estais comigo com bastão e com cajado;
eles me dão a segurança!

[5] Preparais à minha frente uma mesa,
bem à vista do inimigo,
e com óleo vós ungis minha cabeça;
o meu cálice transborda.

[6] Felicidade e todo bem hão de seguir-me

por toda a minha vida;

e, na casa do Senhor, habitarei

pelos tempos infinitos.

— *Glória ao Pai, e ao Filho, e ao Espírito Santo.*
Como era no princípio, agora e sempre. Amém.

Oração

Senhor Bom Pastor, que aflito procuraste a ovelha
extraviada
e, ao encontrá-la, cuidaste de suas feridas,
carregaste-a nos ombros.
Hoje, eu me coloco como a ovelha perdida,
machucada no corpo e na alma.
Senhor, por vezes a incredulidade e o orgulho me apar-
tam de Ti.
Mas estás sempre pronto a resgatar-me.
Bom Pastor, Tu conheces bem tuas ovelhas
e olhas para cada uma em particular.
Sou parte do Teu rebanho, Senhor.
Sei que me conheces pelo nome.
Estou na Tua presença, Senhor.

Cuida de mim com ternura.

Dá-me a graça de ouvir Tua voz e seguir-Te.

Conduz-me ao bom caminho.

Leva-me à segurança do Teu redil.

Faz que, pela força do Teu Espírito Santo,

eu também tenha atitude de pastor.

E, se alguém ao meu lado se desviar e se machucar,

que eu me dobre para resgatá-lo e empreste minha força

para ajudá-lo a caminhar.

Amém.

Sexta parábola:

ESTOU TÃO VOLTADO
PARA MIM QUE
NÃO PERCEBO AS
NECESSIDADES DO
OUTRO?

*Parábola O Bom Samaritano
(Lucas 10,29-37)*

Nossa alma anseia pela eternidade com Deus, mas persistimos em dividir nosso coração: uma pequena parte para Deus e o restante para o mundo. Todos nós queremos encontrar um caminho, uma razão que justifique nossos esforços e dê sentido à nossa labuta, ao nosso viver.

Uma vida sem projetos, sonhos, metas é, certamente, frustrante. Na busca do necessário para o momento, podemos não perceber o que realmente importa. Queremos que Deus nos cure e faça nossa vontade, mas, para isso, temos que mudar nossa maneira de pensar e agir. Assim como ninguém toca no fogo sem se queimar ou no gelo sem sentir frio, ninguém é tocado por Deus sem se transformar e se comprometer com o próximo. Aí nos deparamos com aquela velha pergunta: "Quem é o meu próximo?"

Para responder, Jesus nos conta esta parábola:

E eis que um legista se levantou e disse para
experimentá-lo:
"Mestre, que farei para herdar a vida eterna?"
Ele disse: "Que está escrito na Lei?
Como lês?" Ele, então, respondeu:
"Amarás o Senhor teu Deus, de todo o teu coração,
de toda a tua alma, com toda a tua força e de todo o
teu entendimento;
e a teu próximo como a ti mesmo."
Jesus disse: "Respondeste corretamente; faze isso e
viverás."
Ele, porém, querendo se justificar, disse a Jesus:
"E quem é meu próximo?" Jesus retomou:
"Um homem deseja ir de Jerusalém a Jericó,
E caiu no meio de assaltantes que, após havê-lo
despojado,
espancado, foram-se, deixando-o semimorto.
Casualmente, descia por esse caminho um sacerdote;
viu-o e passou adiante.
Igualmente um levita, atravessando esse lugar, viu-o e
prosseguiu.
Certo samaritano em viagem, porém, chegou junto
dele, viu-o e moveu-se de compaixão.

Aproximou-se, cuidou de suas chagas, derramando óleo

e vinho,

Depois o colocou em seu próprio animal,

conduziu-o à hospedaria e dispensou-lhe cuidados.

No dia seguinte, tirou dois denários e deu-os ao hospe-

deiro, dizendo: 'Cuida dele, e o que gastares a mais, em

meu regresso te pagarei.'

'Qual dos três, em tua opinião,

foi o próximo do homem que caiu nas mãos dos

assaltantes?'"

Ele respondeu: "Aquele que

usou de misericórdia para com ele." Jesus, então, lhe

disse:

"Vai, e também tu faze o mesmo" (Lucas 10,29-37).

Na pergunta daquele homem esclarecido, bem forma-
do, mestre da lei está contido o anseio de todos nós.
Para tirar do interlocutor a resposta, Jesus usa a "maiêu-
tica", que é o método de responder uma pergunta com
outra pergunta. O mestre da Lei sabia de cor e salteado,
como todos nós também sabemos, os preceitos bíblicos
citados: "Amarás o Senhor, teu Deus, de todo o teu
coração e com toda a tua alma, com toda a tua força e

com toda a tua inteligência; e ao teu próximo como a ti mesmo!"

Mas a repetição pura e simples do que está nos livros Deuteronômio e Levítico (Deuteronômio 6,5; Levítico 19,18) não é o que Jesus quer, conforme fica evidente no complemento à pergunta: "Como lês?" Ou seja, não basta ler, é preciso compreender para viver. A questão não era o saber cognitivo, a "decoreba", mas como aquele que se depara com a mensagem a entende e a pratica. Não adianta amar pela metade, de forma medíocre, dividida e distorcida. Jesus pede mais: amar a Deus e ao próximo para receber a vida eterna.

Existe um raciocínio lógico no pensamento de Jesus: quem ama a Deus necessariamente tem que amar o próximo; se não amar, não tiver paciência, solidariedade e viver só para si, não ama a Deus, porque no amor verdadeiro não há dois pesos e duas medidas, ele é inteiro.

A rigor, Jesus não acrescenta algo à definição dos mandamentos; a novidade está na compreensão do próximo, tanto que para justificar-se o mestre pergunta: "Quem é o meu próximo?" Para ele, o próximo só poderia ser um judeu. No tempo de Jesus, para um judeu, o próximo só poderia ser alguém que professasse a mesma fé.

É nesse ponto exatamente que Jesus quer tocar e mudar. O narcisismo nos faz procurar espelhos em toda parte, incluindo nas pessoas à nossa volta. Queremos nos reconhecer no outro e, dessa forma, o acolhemos. Mas será que gostamos realmente do outro ou apenas das nossas afinidades? Sejamos sinceros, amar o diferente não é nada fácil e, se seguirmos apenas os nossos impulsos, escolheríamos não só a quem ajudar (nosso próximo), como também o momento de fazer a caridade. Mas, você já tentou parar de respirar, porque está cansado ou tem algo mais importante para fazer? A necessidade não espera.

Às vezes, o pedido de ajuda vem em plena madrugada; noutras, é alguém da família que já não aguentamos mais ajudar e novamente nos solicita. Pode vir de uma pessoa a quem já demos uma, duas, três chances, mas ainda assim ela "pisou na bola", e humanamente pensamos: "Chega!" Do ponto de vista cristão, o aprendizado diz respeito exatamente a esse "chega".

Não por acaso, Jesus constrói a parábola enfocando a reação de três pessoas com posições diferentes na sociedade: um sacerdote, um levita (descendente da tribo de Levi, um dos 12 filhos de Jacó, responsáveis pela arrumação e manutenção do tabernáculo e do templo) e um samaritano. Os dois primeiros pertencem ao meio religioso e conhecem a Palavra, porém ao se depararem com o homem caído, sangrando, ambos se mostraram indiferentes. Podemos fazer um paralelo com cidadãos atuais, batizados e tementes a Deus, que inúmeras vezes passam diante de outros em situação de penúria e não se sensibilizam. Faço questão de deixar claro que isso não é apenas uma crítica, mas um reconhecimento da própria condição humana. Infelizmente, todos nós acumulamos histórias de perdas, inimizades, machucados, o que nos deixa mais "calejados". No entanto, não podemos permitir que tais fatos endureçam o nosso coração, fazendo-nos desacreditar o outro e, ao invés de distribuirmos docilidade e atenção, vamos nos fechando. Nossos problemas acabam sendo a única razão de nossas orações, e o que deveria ser um caminho para a santidade verdadeira leva-nos ao seu inverso, tornando-nos egoístas.

O samaritano, por sua vez, era alguém considerado impuro, sem valor, de quem não se esperava nenhum gesto grandioso em termos de solidariedade. Pelo histórico de exclusão e preconceito, tudo levaria a crer que agiria conforme a lei de Talião: "olho por olho, dente por dente." Era tratado com desprezo, então, esperava-se que também desprezasse. Certamente, o samaritano logo reparou que o ferido era judeu, alguém de outra religião que provavelmente não o ajudaria, caso as posições estivessem invertidas. Se o sacerdote e o levita tinham razões para não parar, o samaritano dispunha de outras ainda mais contundentes, porém foi justamente ele que, não tendo o coração endurecido, aproximou-se do homem caído, viu seu estado e sentiu compaixão. Aqui está o segredo: a palavra-chave "compaixão" é o oposto de um "coração de pedra".

Por isso, pergunto: Como lidamos com nossas feridas e decepções? O samaritano tinha tudo para ser uma pessoa desgostosa, raivosa e vingativa, mas não era...

Vejamos a extensão da ajuda do bom samaritano: primeiro ele se arriscou ao parar e se aproximar do homem, afinal aquela era uma região muito perigosa. Depois, movido pela compaixão, usou sua própria provisão de vinho para limpar os ferimentos da vítima e óleo para suavizar a dor. Acomodou-o sobre o animal, enquanto ele próprio seguiu a pé; levou-o até a hospedaria e prosseguiu com os cuidados durante a noite. No dia seguinte, entregou todo o seu dinheiro para o dono da pensão, pedindo que não economizasse nos recursos, e prometeu pagar pelo excedente ao voltar.

É isso o que nos falta: comprometimento. Deixar-nos tocar e tocarmos o outro.

Não raro, agimos como miseráveis na ajuda ao próximo, ou então, não melhor que isso, representamos como atores à espera dos aplausos. Contamos para todo mundo nosso gesto magnânimo, e assim o ego vai inflamando. Sinceramente, ao nos vangloriarmos e nos envaidecermos, o gesto perde o sentido.

Deixar-se tocar significa parar para olhar, prestar atenção àquele que está à nossa frente, seja em pé ou caído. Quantos próximos nós temos? Muitas vezes, interpretamos apressadamente que a ajuda necessária é apenas material, como alimentos e remédios, mas não nos damos conta de que o próximo pode estar ferido internamente e precisa do nosso "precioso" tempo. Vivemos no corre-corre, o tempo é cronometrado para tudo, e quase sempre o que o nosso próximo demanda é que paremos, escutemos, ofereçamos o ombro, para que ele chore, ou simplesmente um sorriso, um gesto, uma expressão de afeto, nada mais.

Jesus é o exemplo do bom samaritano por excelência. Em que pesem Suas chagas, o desprezo e a traição que sofreu, nem por isso deixou de acolher a todos em Seu coração. Viu a humanidade caída e compadeceu-Se. O mesmo acontece hoje. Somos diariamente assaltados por mazelas e conflitos, que roubam a esperança e a fé, minam nossas forças e esfacelam a imagem de Deus em nós, deixando-nos machucados e desfalecidos à beira do caminho. Vivemos um verdadeiro terrorismo de valores, que suga das pessoas a sua alegria de viver. Jesus passou por aqui e Se tornou um de nós; desceu até nós e encheu-Se de compaixão. Ele levantou o gênero humano assumindo nossas culpas e levando Consigo nossas dores. Ele nos tomou nos braços, derramou Seu sangue para nos lavar do pecado e nos ofereceu o óleo do Seu Espírito. Carregou-nos e levou-nos até a hospedaria, a casa do Pai, que é a Igreja. Pagou as despesas na Cruz, deu tudo o que tinha. Entregou as duas moedas de prata, o sangue e a água que saíram de Seu coração transpassado; tranquilizou-nos ao dizer "Eu voltarei"; e certamente restituirá em graças tudo aquilo o que a Igreja e os demais fizerem a mais em favor dos caídos e necessitados.

O bom samaritano é o próprio Jesus, que Se compadece de nós e não aceita que nenhum dos filhos de Deus seja roubado na esperança, na fé e fique jogado à beira do caminho. Passa e acolhe aqueles que estão precisando de misericórdia. Gosto de pensar que o hospedeiro e a hospedaria são o próprio coração de Jesus, que não se importa se vai receber ou não e quer apenas curar, libertar.

Então, cabe a nós dizermos: "Deus da consolação, Bom Samaritano, cura minhas feridas, toma-me em Teus braços e me leva para a hospedaria do Teu coração. Leva-me para que eu possa enfrentar as dificuldades e tenha paz. E que meu coração esteja sempre disponível para o próximo."

Transcrevo uma partilha que expressa como a atenção e o acolhimento podem mudar a vida de uma pessoa e levá-la à superação:

Eu era usuária de drogas. Desci ao fundo do poço. Perdi tudo o que tinha: casa, familiares, e pior, padre, perdi até meus filhos por causa das idas e voltas no mundo das drogas.

Sozinha, não tinha onde morar e acabei na porta de uma igreja, passando frio, fome e sem destino, até que um dia apareceu uma filha de Deus que se compadeceu do meu estado, acolheu-me, cuidou de mim e me ajudou.

No princípio, eu não gostava de ouvir seu programa, mas como ela ouvia todos os dias, não tinha jeito. Suas palavras foram despertando minha atenção e comecei a perceber que precisava procurar Deus.

Minha vida foi restaurada e, apesar da falta que sinto dos meus filhos, estou muito bem.

Hoje, agradeço por Deus ter me tirado daquele mundo de trevas e, especialmente, por ter colocado no meu caminho a pessoa que me acolheu, deu atenção e oportunidade.

Jesus nos ensina que a compaixão é um gesto tão profundamente humano quanto divino. Ele nos chama a conhecer melhor o caminho da vida eterna, entender Seus mandamentos e vivê-los com gestos de solicitude e solidariedade para com as pessoas jogadas à beira do caminho.

Deixarmo-nos ser amados pelo bom samaritano e amarmos como o bom samaritano parece difícil, mas não é impossível e está ao nosso alcance.

Para rezar

Salmo 111 (112)

R.: Quem confia no Senhor está seguro.
Nada teme o coração que ama a Deus.

[1] *Feliz o homem que respeita o Senhor*
e que ama com carinho a sua lei!
[2] *Sua descendência será forte sobre a terra,*
abençoada a geração dos homens retos!

[3] *Haverá glória e riqueza em sua casa,*
e permanece para sempre o bem que fez.
[4] *Ele é correto, generoso e compassivo,*
como luz brilha nas trevas para os justos.

[5] *Feliz o homem caridoso e prestativo,*
que resolve seus negócios com justiça.
[6] *Porque jamais vacilará o homem reto,*
sua lembrança permanece eternamente!

[7] *Ele não teme receber notícias más:*
confiando em Deus, seu coração está seguro.

⁸ Seu coração está tranquilo e nada teme,
e confusos há de ver seus inimigos.

⁹ Ele reparte com os pobres os seus bens,
permanece para sempre o bem que fez,
e crescerão a sua glória e seu poder.

¹⁰ O ímpio, vendo isto, se enfurece,
range os dentes e de inveja se consome;
mas os desejos do malvado dão em nada.

Glória ao Pai, e ao Filho, e ao Espírito Santo.
Como era no princípio, agora e sempre. Amém.

Oração

Feliz o homem que tem Deus como o Senhor
e que ama com carinho a Tua lei.
Senhor, eu quero ter a Tua lei, os Teus mandamentos
e a Tua Palavra em minha vida e na vida da minha
família.
Ajuda-me a viver intensamente cada momento,
a acolher cada pessoa que passar por mim.

Dá-me um coração grande em que possa caber tantas

pessoas carentes, necessitadas e sofredoras.

Tira, Senhor, o coração de pedra, insensível, egoísta,

e dá-me um coração que, de fato, seja transformado em

atitudes de partilha, carinho, amor e acolhimento.

Um coração cheio de compaixão e atento às necessida-

des do próximo.

Que eu busque a justiça, a fraternidade, sem

diferenças,

preconceitos e discriminação.

Ajuda-me, Senhor, a construir o Teu Reino.

Senhor, eu Te louvo e agradeço, porque sei que estás

agindo,

amparando-me e resgatando-me como o bom

samaritano.

Amém.

Sétima parábola

QUAL A "DESCULPA DE HOJE" PARA NÃO ESTAR COM DEUS?

Parábola do Banquete Nupcial
(Mateus 22,1-14)

Vivemos preocupados com o imediato, o concreto, o material, e nos descuidamos dos valores eternos, duradouros, que exigem entrega. Somos estimulados a projetar a felicidade no "ter", por isso muitos passam a vida acumulando bens, mas infelizes, vazios e insatisfeitos.

Então, a pergunta que não quer calar é: Onde está a verdadeira felicidade? Nos valores do Evangelho ou nos valores do mundo?

Queremos ser reconfortados por um "Deus" sob medida para os nossos interesses, desejos e projetos, e, se assim não for, elencamos mil e uma razões para continuarmos vivendo afastados dos princípios religiosos.

Mas até quando?

Deus não tem pressa. O tempo d'Ele é diferente do nosso. Na Sua morada não há um relógio pregado na parede dizendo a que horas devemos entrar e sair. Tampouco um cronograma com metas e resultados esperados. A fé não é algo que Deus nos impõe, justamente porque ser cristão não pode ser uma obrigação e muito menos um acaso em nossa vida, mas antes uma opção de vida, algo decidido conscientemente dentro de nós.

Podemos até andar por aí erráticos, sem saber bem o que fazer, tomando decisões erradas e nos depararmos com Deus de repente, de forma inesperada. A vida é cheia de surpresas e tudo é possível. Mas com certeza quem escolhe estar em Deus não o faz por acidente, sorte ou alguma outra imprevisibilidade do destino. Deus nos convida sempre, e quando estamos abertos à Sua novidade, aceitamos ser escolhidos, como nos ensina Jesus nesta parábola:

Jesus voltou a falar-lhes em parábolas e disse:
"O Reino dos Céus é semelhante a um rei que celebrou
as núpcias do seu filho.
Enviou seus servos para chamar os convidados para as
núpcias, mas estes não quiseram vir.
Tornou a enviar outros servos, recomendando:
Dizei aos convidados: eis que preparei meu
banquete, meus touros e cevados já foram degolados e
tudo está pronto.
Vinde às núpcias. Eles, porém, sem darem a menor
atenção, foram-se, um para o seu campo, outro para o
seu negócio,

e os restantes, agarrando os servos, maltrataram-nos e

os mataram.

Diante disso, o rei ficou com muita raiva e, mandando

as suas tropas,

destruiu aqueles homicidas e incendiou-lhes a cidade.

Em seguida, disse aos servos:

As núpcias estão prontas, mas os convidados não eram

dignos. Ide, pois, às encruzilhadas e convidai para as

núpcias todos os que encontrardes.

E esses servos, saindo pelos caminhos, reuniram todos

os que encontraram, maus e bons, de modo que a sala

nupcial ficou cheia de convivas.

Quando o rei entrou para examinar os convivas,

viu ali um homem sem a veste nupcial e disse-lhe:

Amigo, como entraste aqui sem a

veste nupcial? Ele, porém, ficou calado.

Então, disse o rei aos que serviam:

Amarrai-lhe

os pés e as mãos e lançai-o fora, nas trevas exteriores.

Ali haverá choro e ranger de dentes."

Com efeito, muitos são chamados, mas poucos escolhi-

dos (Mateus 22,1-14).

Trata-se de uma parábola dividida em duas partes, porque faz menção a dois temas diferentes — que se complementam por seguirem uma sequência.

Um rei preparou grande banquete não por um motivo qualquer, mas para celebrar um casamento. Podemos entender que, nesse casamento, o esposo é Jesus e a esposa, a Igreja. Segundo São Gregório Magno, o rei é o próprio "Deus Pai, [que] realizou as núpcias de seu Filho quando O uniu à natureza humana no seio da Virgem, quando quis que Aquele, que era Deus antes do tempo, Se fizesse Homem no tempo" (*Homilias sobre os Evangelhos*: homilia 38, 3: PL76, 128).

Portanto, é Jesus que vem realizar as núpcias de Deus com a humanidade. Nossa alma, naturalmente, anseia pelo convívio em Deus, mas o banquete nupcial, essa fusão de nossa alma com Deus, não é aceito por muitos.

Deus nos deixa livres, embora sempre nos convide para a profunda comunhão e aguarde nossa resposta. Deus nos ama tanto, que mesmo nos amando é capaz de aceitar o distanciamento ou até uma resposta negativa. Só quem ama verdadeiramente suporta o "não querer" do outro. Amor com "rédea curta" está contaminado por

insegurança, pelo ciúme que desconstrói e suga. Deus nos ama a ponto de nos construir e não nos sugar, por isso muitos são chamados, mas poucos são escolhidos.

Trata-se de se deixar escolher e também escolher. O Senhor nos convida ao banquete; o convite é aberto, mas não é uma imposição. Deus nos deixa livres para fazermos nossa opção. Ao interpretar o texto, podemos entender que os convidados priorizaram outras atividades em vez de aceitar o matrimônio com Deus. Ir para o campo, por exemplo, está relacionado ao trabalho. Às vezes, quando em excesso, o trabalho se transforma em um empecilho para nossa comunhão com Deus. Os afazeres, o corre-corre diário, a "escravidão do fazer" são obstáculos para a oração, e a oração é um banquete com Deus. O campo significa a "lida", aquele ativismo cotidiano que nos toma por completo e não sobra tempo sequer para rezar. Na prática, estamos nos privando de Deus.

Outros vão para os negócios, os quais estão relacionados ao "ter". Se o campo simboliza o fazer, os negócios representam a acumulação de bens. A ânsia de sempre querer ter mais e o apego às coisas materiais são empecilhos para o matrimônio espiritual com Deus.

Nossa alma se aflige, perde-se e fica cega. Sim, ela pode ser muito prejudicada pelas opções que fazemos.

No Antigo Testamento, o relacionamento de Deus com Seu povo é comparado com um casamento. Deus faz uma aliança de amor com Seu povo, Israel. Por meio do casamento de Oseias com uma mulher infiel, é apresentada a relação amorosa de Deus com Seu povo, que se torna infiel a Ele, seu "esposo".

Israel vai atrás de ídolos, por isso é comparado a uma esposa que abandona o marido para se prostituir adorando falsos deuses e, na sua infidelidade espiritual, não consegue mais estar com ele. Deus é um marido que tem motivo plausível para repudiar Israel: as prostituições e os adultérios espirituais, mas o Seu juízo não é de cólera, e sim consequência de um amor desiludido e não correspondido. Por outro lado, é um amor maior que a humilhação, pois alimenta a esperança de que a esposa mude de atitude, volte para Ele, seu esposo, e demonstre sua fidelidade. Deus Se dispôs a recebê--la de volta e constituir uma nova aliança nupcial (cf. Oseias 2,4-25).

Da mesma forma, Deus anseia em perdoar e restaurar Seu povo hoje. Muitas vezes, como nos tem-

pos de Oseias, Ele é rejeitado, esquecido, ignorado e traído, mesmo assim não desiste de nós. Vingança e abandono não são gestos de Deus; ao contrário, mesmo diante da infidelidade espiritual, à alma que se arrepende e O busca, Ele diz: "Desposar-te-ei para sempre, desposar-te-ei conforme a justiça e o direito, com benevolência e ternura. Desposar-te-ei com fidelidade, e conhecerás o Senhor" (Oseias 2,21-22).

A parábola prossegue: "Outros agarraram os empregados, bateram neles e os mataram." Isso significa matar o anseio de Deus dentro de nós, cessar a busca pelo eterno. Estamos tão conformados e acomodados a viver no pecado e na escuridão, que sufocamos em nós o desejo de Deus, então o banquete (a comunhão) não se realiza.

Esta parábola apresenta um verdadeiro tratado de espiritualidade, pois aborda com precisão o nosso itinerário, as coisas interiores da nossa vida, a nossa resistência à conversão. Ainda que, à época, os destinatários desta mensagem tenham sido os sumos sacerdotes, os anciãos, pois foram eles que rejeitaram o banquete com Jesus, hoje os destinatários somos nós, cristãos, os primeiros convidados para o banquete, o qual deve ser entendido como a comunhão. A comunhão que se faz na Eucaristia, na celebração da missa, na mesa da Palavra, na oração.

O banquete prossegue e está sempre pronto. Jesus, o Sumo e Eterno Sacerdote assume o papel do rei e continua a Se oferecer em um banquete. A Eucaristia é o banquete da nova aliança que nos reúne com Deus, a ceia eterna em que Deus estará sempre conosco. É o banquete onde o próprio Jesus Se faz refeição: "Eu sou o pão vivo descido do céu, quem comer desse pão viverá eternamente" (João 6,51). A Eucaristia é remédio, fonte de cura que restabelece nossa saúde espiritual e revigora nossa força física.

A Palavra é aberta a todos, e todos nós somos convidados. Precisamos entender esse convite: Deus nos convidou pelo Batismo a sermos partícipes e coerdeiros da Graça. Da mesma forma em que no Antigo Testamento o povo de Israel foi o primeiro convidado por Deus ao escolher Abraão e Moisés, nós fomos os primeiros convidados pelo Batismo a saborear o banquete.

No final da parábola, há uma passagem aparentemente violenta, na qual alguém aparece sem o traje apropriado para a festa e o rei manda amarrá-lo e expulsá-lo. Na verdade, isso é o que acontece com a nossa alma quando recusamos a salvação que Deus nos oferece. O traje simboliza estarmos revestidos do estado de graça, das virtudes de Deus, da justiça divina, do projeto de Jesus e de Seus ensinamentos e mandamentos.

O Livro do Apocalipse também cita a roupa com a qual devemos nos apresentar diante de Deus: uma veste branca, alvejada no sangue do cordeiro. É a veste de nossa alma alvejada no sangue do cordeiro sacrificado no banquete (cf. Apocalipse 7,14).

Para finalizar, volto a reforçar: o convite para o banquete foi feito. Aliás, ele é renovado todos os dias. Então, qual é a nossa desculpa?

Tanta "enrolação" me faz lembrar aqueles namorados que estão juntos há uma década e nada de casamento. Muitos usam até aliança de noivado para dizer que o compromisso está de pé, mas assumi-lo de verdade perante o altar parece mais difícil do que enfrentar a escadaria da igreja da Penha. Acredito que essa mesma morosidade tem ocorrido na tomada de decisão em relação ao matrimônio com Deus. Às vezes, passamos a vida inteira só no "namoro" ou no "noivado", inventando desculpas para não realizar esse matrimônio com

Deus e garantir que nossa alma repouse no Seu amor infinito.

Acordemos, despertemos, a parábola é atualíssima! Ela nos ensina a estabelecer prioridades tendendo para o essencial. Muitos foram chamados, mas poucos são escolhidos, porque poucos dão a resposta. Responda para si mesmo: Qual é a desculpa para não cear com o Senhor? Qual a desculpa da hora para não participar do banquete do Reino de Deus? O que tem sido mais importante: o convite de Deus ou as ocupações e preocupações?

Lembremos que aceitar participar do banquete significa deixar o "velho homem" para trás e fazer a opção por Deus, por Jesus como Senhor, servindo-O e depositando n'Ele toda a confiança. Assim partilhou uma filha de Deus:

Padre Reginaldo, peço a sua benção e quero testemunhar o que aconteceu na minha vida.

Eu havia esquecido que Deus existe, estava com tantos problemas, que não sabia qual deles resolver primeiro. Não tinha nada de bom na minha vida; não sentia vontade de viver e na minha casa só havia brigas, mau humor e discórdias.

Fazia uns vinte anos que eu não ia à Igreja, não participava de missas nem da Eucaristia. Então, fui evangelizada por uma amiga e passei a acompanhar o seu programa. Comecei a fazer as orações e as novenas. Comprei uma Bíblia e também uma imagem do Sagrado Coração de Jesus.

Um dia, do qual me lembro como se fosse hoje, o senhor falou: "Filha, você que está aí achando que Deus te abandonou, vá até a sua igreja, não precisa ter ninguém lá, a porta vai estar aberta. Vá até a frente do Santíssimo e diga: 'Jesus, estou aqui'." Fiz isso, padre, e foi maravilhoso! Voltei a frequentar a Igreja, a confissão e a comunhão.

Posso dizer que nasci novamente. Hoje, sou feliz, bem-humorada e aprendi a agradecer a Deus por todas as coisas que Ele me dá, todos os dias.

Minha vida mudou da água para o vinho. Agora, meu jeito de ser, para com minha família e comigo mesma, está diferente. Consegui pagar minhas dívidas, tenho ânimo para trabalhar e, quando me vejo encurralada, sem respostas, ajoelho e rezo. Não fico mais sem ir à missa e receber Jesus Eucarístico.

Deixemos que nossa alma encontre felicidade. Deixemos que nosso espírito possa encontrar segurança num matrimônio que nunca acabará, em uma aliança eterna por meio de Jesus, o Cordeiro de Deus.

Observação do corretor:

O delicado (e místico) tema do "matrimonio espiritual" com Deus foi aqui tratado com firmeza e êxito.

Para rezar

Salmo 115 (116B)

Guardei a minha fé, mesmo dizendo:
"É demais o sofrimento em minha vida!"
[11] Confiei, quando dizia na aflição:
"Todo homem é mentiroso! Todo homem!"

[12] Que poderei retribuir ao Senhor Deus
por tudo aquilo que ele fez em meu favor?
[13] Elevo o cálice da minha salvação,
invocando o nome santo do Senhor.
[14] Vou cumprir minhas promessas ao Senhor
na presença de seu povo reunido.

[15] É sentida por demais pelo Senhor
a morte de seus santos, seus amigos.
[16] Eis que sou o vosso servo, ó Senhor,
vosso servo que nasceu de vossa serva;
mas me quebrastes os grilhões da escravidão!

[17] Por isso oferto um sacrifício de louvor,

invocando o nome santo do Senhor.

¹⁸ Vou cumprir minhas promessas ao Senhor

na presença de seu povo reunido;

¹⁹ nos átrios da casa do Senhor,

em teu meio, ó cidade de Sião!

— Glória ao Pai e ao Filho e ao Espírito Santo.

Como era no princípio, agora e sempre. Amém.

Oração

Deus de amor e de bondade,

eu Te louvo e agradeço,

porque Teu amor por todos é incondicional.

Senhor, eu Te agradeço porque nos deste Teu Filho,

como nosso alimento.

Alimento que nos conduz à vida eterna.

Pão verdadeiro,

Pão vivo descido dos céus,

Pão que alimenta para lutar contra as paixões perversas

e impulsiona a olhar o mundo e as pessoas com mais

amor.

Pão da Vida para vencer o egoísmo.

Perdão, Senhor,

se não sou digno de comungar o Corpo e o Sangue de

Teu Filho.

Perdão, Senhor,

porque muitas vezes me deixo envolver pela

mentalidade

do materialismo e do consumismo.

Perdão, Senhor, por ouvir afirmações falsas e

enganadoras,

e pelas desculpas que constantemente invento

para não estar na Tua presença.

Livra-me, Senhor, do materialismo.

Faz com que eu aprecie sempre os valores do Teu Reino.

Dá-me a graça de sempre acolher Teu convite paterno

e participar do banquete que ofereces a todos.

Dá-me a verdadeira consciência

da presença real do Teu Filho na Eucaristia

e aumenta a minha fé.

Senhor, dá-me sempre este pão.

Amém.

TENHO "COMBUSTÍVEL" SUFICIENTE PARA CONCLUIR A JORNADA DA MINHA EXISTÊNCIA?

Parábola das Dez Virgens
(Mateus 25,1-13)

Existem pessoas tão focadas no presente, que chegam a ter dificuldade de enxergar a si mesmas daqui a cinco, dez anos; outras são precavidas ao extremo e vivem fixadas no amanhã, a ponto de não conseguirem simplesmente aproveitar o aqui e o agora. O mais sensato é cuidarmos do presente, daquilo que hoje necessita da nossa dedicação, mas sem aquela sangria desatada de achar que o mundo vai acabar na próxima esquina, como se tivéssemos de viver cem anos em dez. Nesse sentido, é saudável planejar o futuro, ter metas, sonhos e objetivos.

O problema surge quando começamos a procrastinar deliberadamente, adiando para o dia seguinte o que, talvez, não tenhamos outra chance de realizar, por exemplo, uma demonstração de carinho, o perdão, gestos de amizade e caridade. Nunca devemos esquecer de que para nós e para todos os que nos cercam existe, sim, a hipótese de não haver dia seguinte.

O mesmo vale para a nossa vida espiritual, portanto, por que adiar a conversão e correr o risco de sermos pegos de surpresa e desprevenidos? Ser prudente é uma lição que Jesus nos ensina com maestria nesta parábola:

Então, o Reino dos Céus será semelhante a dez virgens que, tomando as suas lâmpadas, saíram ao encontro do noivo.

Cinco eram insensatas e cinco, prudentes.

As insensatas, ao pegarem as lâmpadas, não levaram azeite consigo, enquanto as prudentes levaram vasos de azeite com suas lâmpadas.

Atrasando o noivo, todas elas acabaram cochilando e dormindo.

À meia-noite, ouviu-se um grito:

"O noivo vem aí! Saí ao seu encontro!"

Todas as virgens levantaram-se, então, e trataram de aprontar as lâmpadas.

As insensatas disseram às prudentes: "Dai-nos do vosso azeite, porque as nossas lâmpadas estão se apagando."

As prudentes responderam:

"De modo algum, o azeite poderia não bastar para nós e para vós.

Ide antes aos que vendem e comprai para vós."

Enquanto foram comprar o azeite, o noivo chegou e as que estavam prontas entraram com ele para o banquete de núpcias.

E fechou-se a porta.
Finalmente, chegaram as outras virgens, dizendo:
"Senhor, senhor, abre-nos!" Mas ele respondeu:
"Em verdade, vos digo: não vos conheço!" Vigiai, por-
tanto, porque não sabeis nem o dia, nem a hora
(Mateus 25,1-13).

Esta parábola trata da segunda vinda de Jesus. E a grande mensagem de Nosso Senhor é: "Eu voltarei." Contudo, muitos não creem nessa promessa. Igualmente, não acreditam em purgatório, céu, inferno e estão convictos de que a morte é o fim; quando chega a hora, viramos "pó e ossinhos" no cemitério. Acham que o mundo se limita ao plano material, ao que se pode ver e tocar. Esquecem-se de que não vemos o ar, mas ele existe.

Com a volta de Jesus, cada um receberá segundo suas obras. Então, haverá um julgamento? Claro! Ele mesmo recomendou vigilância e oração para não cairmos em tentação, por isso devemos viver uma vida virtuosa.

Se, no Antigo Testamento, a imagem da mulher adúltera representava a infidelidade espiritual do povo, neste caso as mulheres virgens simbolizam exatamente o oposto, ou seja, a fidelidade do povo para com Deus. A pureza da virgindade indica de que forma a noiva — a Igreja — deverá ser entregue ao noivo, Jesus: pura, sem manchas, como cita São Paulo: "Desposei-vos a um esposo único, a Cristo, a quem devo apresentar-vos como virgem pura" (2Coríntios 11,2).

Ora, preparar-se para este momento crucial exige que sejamos prudentes. Mas, afinal, o que é prudência?

No texto, as dez virgens apresentam semelhanças entre si, como o fato de portarem lâmpadas acesas, ocuparem o mesmo local e até de cochilarem todas ao mesmo tempo. Sobre este último aspecto, vale ressaltar que cochilar não pode ser considerado um pecado, sobretudo quando a demora é longa. Os apóstolos que o digam. Eles achavam que Jesus voltaria antes de Pedro morrer, o que não ocorreu. João Evangelista viveu mais de cem anos e, mesmo assim, não foi suficiente para presenciar o retorno de Nosso Senhor. Mas nós sabemos que essa demora não significa que Ele não cumprirá Sua promessa.

Retornando ao contexto das dez virgens, elas ouviram um chamado, à meia noite, levantaram-se, acenderam as lâmpadas, enfim, estavam vivendo a esperança da chegada, o advento do Senhor. Da mesma forma, nós também estamos esperando e pedindo: "Vem, Senhor Jesus!", "Maranata" (expressão aramaica que significa "o Senhor vem"). Todas as missas, repetimos: "Ficamos esperando a Sua volta." E nessa espera, o que nos cabe? Temos a certeza do que fazemos hoje, porém cada dia que passa pode trazer uma surpresa e mudar o futuro. Para quem morre a espera é abreviada, mas haverá um julgamento final.

Um ponto importante é a maneira como lidamos com o tempo. Não podemos controlá-lo, isso é fato, mas tampouco podemos deixar que ele nos controle. É preciso saber administrá-lo. Assim, a responsabilidade pelo infortúnio das virgens imprudentes não é do noivo, ainda que tenha demorado.

A demora de Jesus é pedagógica para a nossa santificação. Deus é misericórdia, mas também é justiça, e essa demora ocorre para que todos nós tenhamos tempo de nos converter. Jesus confirmou que a vontade do Pai é não perder nenhum de nós para que ressuscitemos no último dia (João 6,39).

Muitas vezes, por nos depararmos com as situações de injustiça em que o mundo se encontra imerso, pensamos: Por que Deus não desce o braço e acaba com tudo? Creio que toda vez que o braço do Pai desce, ele esbarra na Cruz do Filho, que posterga a justiça com a ajuda de Nossa Senhora, para que tenhamos tempo de sair da imprudência e nos tornarmos prudentes.

Sim, as virgens prudentes somos nós cristãos, assim como as imprudentes. A lâmpada significa a Palavra de Deus, e a luz que emana da lâmpada é a verdade que dissipa as trevas. Todas as virgens estão com as lâmpadas; tal como elas, todos nós, os batizados, vivemos com a Palavra de Deus, a luz da verdade, ao nosso alcance. O problema, como destaca o texto, é a falta do azeite, que é o Espírito Santo. Temos o costume de rezar muito para Nossa Senhora, o que apoio completamente, pois sou mariano, assim como para Deus Pai e Jesus, mas invocamos pouco o Espírito Santo. O resultado é que falta "combustível" para a nossa fé.

Quem se queixa de não conseguir prestar atenção na missa, de não conseguir rezar um terço com fervor, por exemplo, tem falta aguda do Espírito Santo. Ninguém pode dizer "Jesus é Senhor", a não ser sob a ação do *Espírito Santo*" (1Coríntios 12,3). Só seremos pessoas prudentes se tivermos a efusão do Espírito Santo.

As oliveiras, árvores que produzem as azeitonas, e o azeite feito com esses frutos sempre tiveram um papel importante na vida cotidiana da humanidade. O azeite é alimento, serve para cozinhar, medicar, preparar perfumes, iluminar, além da unção em cerimônias religiosas.

Foi no Monte das Oliveiras, no jardim chamado de Getsêmani, palavra de origem hebraica cujo significado é "lugar da prensa do azeite", que Jesus sofreu toda a agonia antes de ser preso, flagelado e morto na Cruz (cf. Lucas 22,39ss). Não por acaso, foi justamente a reserva tão preciosa de azeite que as cinco virgens imprudentes esqueceram-se de providenciar. O azeite é o nosso remédio, alimento e sabor. É o Espírito Santo.

A primeira impressão é de que as cinco virgens prudentes foram egoístas ao não partilhar o azeite, quando, na verdade, elas não poderiam fazê-lo. A experiência com o Espírito Santo é intransferível, individual, por isso não pode ser passada a outros. Cada um deve ter a sua. O Batismo é individual, a experiência orante é pessoal, não há possibilidade de transferência, mas toda pessoa batizada tem a obrigação de estimular as demais a terem a mesma experiência de Deus, do Espírito Santo, isto é, a evangelização. Assim como as virgens, não temos como entregar aos outros a efusão do Espírito Santo, que é remédio, bálsamo e perfume particulares; o que podemos fazer é incentivar outras pessoas a acumularem seu próprio azeite, para os tempos de tranquilidade e também de dificuldade. São João Crisóstomo afirma que as tempestades se elevam tanto a partir do exterior quanto do interior, sendo estas últimas as mais perigosas, porque são mais difíceis de serem identificadas e exigem de nós muito mais prudência.

Portanto, ser prudente é a regra certa da razão. Há muitas pessoas preguiçosas que querem tudo "na mão", mas de preferência do jeito mais fácil, por exemplo, ganhando uma mala com dinheiro. De outro lado, estão os chamados *workaholics*, que só pensam em trabalhar e acumular. A virtude não está nem no primeiro comportamento nem no segundo, mas no equilíbrio. Temos que encontrar a medida certa; a virtude está em buscar um "meio termo". A sagacidade e a humildade são vicinais que conduzem até a estrada principal da prudência.

Muitos se perguntam: "Como eu faço para dar certo?" A solução certamente não é uma só, depende de um conjunto de fatores, mas certamente agir com prudência já é meio caminho andado. Costumo dizer que sem essa virtude nenhuma outra se junta. São João da Cruz nos ensinou que a prudência é a sabedoria dos santos.

Ser prudente é saber conduzir a vida. Ter maturidade e não agir ao sabor das paixões ou dos impulsos. Nas decisões, é preciso ponderar sobre o passado, o presente e o futuro. Quem tem um problema, deve buscar a ajuda de pessoas mais experientes e não achar que consegue resolver tudo sozinho; a "automedicação" é frequentemente sinal de imprudência, tanto quando se trata da saúde física quanto de problemas de ordem psicológica e espiritual. Quando um casal tem problemas no casamento, raramente consegue resolver sem buscar auxílio de um profissional especializado e também o apoio da fé. Por isso, sempre utilizo o termo "cura psicoespiritual".

Refrear os impulsos e decidir com sabedoria não é tão simples. Em razão do pecado original, por mais que busquemos evoluir, somos influenciados por paixões que nos impedem de progredir na vida espiritual. Nós não avaliamos o prejuízo e nos aventuramos demais em caminhos que não são nossos, acabando por colocar em risco nossa relação com o sagrado.

A prudência é providencial nesse sentido, porque nos leva a estabelecer metas e a executá-las. Quando rezamos, Deus nos inspira bons propósitos, mas por algum motivo eles não entram em execução. Será que achamos difícil demais e desistimos no meio do caminho? Se for isso, faço questão de lembrar o exemplo de Madre Teresa de Calcutá, que foi muito criticada, no início, pelo resultado do seu trabalho, especialmente por aqueles que menosprezavam o papel da caridade pura e simples em face de ações mais concretas, mas ela nunca desistiu e fez da sua única experiência de consolo em Deus um bálsamo que partilhou com todos. Ela tomou a decisão e executou o que o Senhor pediu. E quanto a nós? Temos dificuldade em mudar de vida, executar os apelos de Deus, porque nos falta a providência do azeite armazenado, a força do Espírito Santo.

Peçamos, pois, que o Espírito Santo nos inspire enquanto é tempo, caso contrário só restarão lamúrias e desculpas: "Senhor, eu rezava o terço, ouvia o programa do padre. Estou com a lamparina e até tenho um pouquinho de azeite..." Mas, caso não seja suficiente para nos fazer cristãos autênticos, prudentes e santos, o Senhor dirá: "Não te conheço." Isso pode acontecer até mesmo comigo, que sou padre, alguém que pregou e curou em nome de Deus, afinal nem todo aquele que diz "Senhor, Senhor", entrará no céu (Mateus 7,21). Tenho consciência de que o julgamento de Deus sobre minha vida será até mais rigoroso, pois "a quem muito foi dado, muito será cobrado" (Lucas 12,48).

De tudo o que vimos, fica a reflexão: Onde depositamos nosso coração? Quais são os nossos valores de felicidade? O que colocamos como condição para estarmos plenamente satisfeitos?

Somos muito exigentes. Então, quem sabe não somos felizes porque pedimos demais. Há pessoas que estabeleceram uma meta tão grande na vida pessoal e profissional, que a canseira não as deixa gostarem nem de si mesmas. Olham-se no espelho e não veem as marcas do tempo vivido com sabedoria, mas apenas rugas, porque faltou o discernimento do Espírito Santo para perceberem o que é passageiro e o que é essencial e perene.

Sempre é tempo de buscar, pedir e reservar o azeite que manterá a nossa lamparina permanentemente acesa, como partilhou esta nossa irmã:

Padre, quero testemunhar a mudança que a oração e a Palavra de Deus provocaram em minha vida.

Eu era uma pessoa desajuizada e impulsiva. Queria resolver tudo no grito e só me dava mal. Com a leitura orante da Palavra, aprendi a pedir a unção e o discernimento do Espírito Santo. Hoje, posso dizer que não sou eu mais que mando em mim, mas é o Espírito de Deus que me conduz. Penso, padre, que Deus é o "piloto". Ele não erra no voo, sabe decolar e aonde chegar.

Eu quebrei tanto a cara na vida e tenho consciência de que a culpa foi minha. Fico admirada em ver como Deus foi paciente comigo, esperando a hora que eu deixasse o Espírito Santo assumir o comando.

Pois bem, eu deixei. Hoje, como diz aquela música, só Deus sabe porque "eu tô feliz, eu tô na boa. Hoje eu tô rindo à toa".

Obrigada, Senhor, por não desistir de mim.

O pedido se faz mais pertinente do que nunca: Senhor, dá-nos abundantemente o azeite do Espírito Santo! Dá-me a prudência de vigiar na oração, à luz da Tua verdade, vivendo a Tua Palavra no amor ao próximo.

Para rezar

Salmo 118 (119)

R.: Quem me segue não caminha em meio às trevas, mas
terá a luz da vida, diz o Senhor.

¹⁰⁵ *Vossa palavra é uma luz para os meus passos,*
é uma lâmpada luzente em meu caminho.
¹⁰⁶ *Eu fiz um juramento e vou cumpri-lo:*
"Hei de guardar os vossos justos julgamentos!"

¹⁰⁷ *Ó Senhor, estou cansado de sofrer;*
vossa palavra me devolva a minha vida!
¹⁰⁸ *Que vos agrade a oferenda dos meus lábios;*
ensinai-me, ó Senhor, vossa vontade!

¹⁰⁹ *Constantemente está em perigo a minha vida,*
mas não esqueço, ó Senhor, a vossa lei.
¹¹⁰ *Os pecadores contra mim armaram laços;*
eu porém não reneguei vossos preceitos.

¹¹¹ *Vossa palavra é minha herança para sempre,*
porque ela é que me alegra o coração!
¹¹² *Acostumei meu coração a obedecer-vos,*

a obedecer-vos para sempre, até o fim!

Glória ao Pai, e ao Filho, e ao Espírito Santo.
Como era no princípio, agora e sempre. Amém.

Oração

Senhor, Tua Palavra é uma luz para meus passos.
É minha herança.
Senhor, estou cansado de sofrer.
Tira esta penumbra que está dentro de mim.
Tira, Senhor, toda a angústia.
Eu quero que meu coração seja todo Teu.
Dá-me, Senhor, as virtudes que brotam do Espírito
Santo.
Dá-me um reto agir.
Manda Teu Espírito Santo, Senhor.
Vem, Espírito Santo, e arruma tudo o que está errado
em mim.
Vem, Espírito Santo, e dá-me unção.
Vem, Espírito Santo, fogo que aquece,
Luz que ilumina.
Vem, Espírito Santo, e me transforma.
Amém.

Conclusão

Deus faz por nós algo com que nem sequer podemos sonhar, conforme explica o profeta Isaías: "O Espírito do Senhor Deus está sobre mim, porque o Senhor me ungiu; enviou-me para dar a boa-nova aos humildes, curar as feridas da alma, pregar a redenção para os cativos e a liberdade para os que estão presos; para proclamar o tempo da graça do Senhor. Exulto de alegria no Senhor e minh'alma regozija-se em meu Deus; ele me vestiu com as vestes da salvação, envolveu-me com o manto da justiça e adornou-me como um noivo com sua coroa, ou uma noiva com suas joias. Assim como a terra faz brotar a planta e o jardim faz germinar a semente, assim o Senhor Deus fará germinar a justiça e a sua glória diante de todas as nações" (Isaías 61,1-2a.10-11).

O Profeta Isaías apresenta Jesus como O ungido por Deus, Aquele que traz alegria e esperança e cura as feridas da alma. Assim, por mais que estejamos no limite de nossas forças, não podemos desistir nem abrir mão dos nossos sonhos. Ao contrário, podemos mudar e fazer diferente, porque Jesus nos vestiu com as vestes da salvação e da vitória.

Ele pode fazer germinar algo novo e, embora não saibamos, já existe lá no fundo uma sementinha. Não nos damos conta disso, porque, muitas vezes, nossa vida parece um canteiro de espinhos. Basta ensaiarmos o menor movimento e nos machucamos. No meio desse espinheiro, parece não haver espaço para o surgimento de uma simples flor. Contudo, o texto de Isaías afirma que Deus garantirá a terra e o jardim para fazer brotar uma semente, e é nisso que devemos crer. Não precisamos viver acuados pelo canteiro de espinhos, porque Deus, em Jesus, fará brotar um jardim em nosso caminho.

Deixemos, portanto, Ele cuidar de nossas feridas e o jardim florescerá. Podemos chorar, ficar tristes, decepcionados e até magoados quando alguém nos agride ou prejudica de alguma forma, mas ao rezarmos e nos colocarmos na presença do Pai, sob a ação do Espírito Santo, Deus nos ajuda e a alegria é restaurada.

Por isso, não apaguemos o Espírito de Deus que há em nós. Examinemos nossa vida, guardemos o que é bom e deixemos o Espírito Santo agir.

Evangelizar é preciso!

Referências bibliográficas

Bíblia de Jerusalém. São Paulo: Paulus, 2002.

Catecismo da Igreja Católica: Edição Típica Vaticana. São Paulo: Edições Loyola, 1999.

Sermões de São Tomás de Aquino. A oração Dominical: Perdoai as nossas dívidas assim como nós perdoamos aos nossos devedores. Rio de Janeiro: Edição Eletrônica Permanência, 2003. Disponível em: <https://sumateologica.wordpress.com/>.